L'ATELIER
DU TRIPALIUM

DU MÊME AUTEUR

Ces mots qui nous gouvernent, Bayard, 2008.

Comment les médias nous parlent (mal), Les Pérégrines, 2014.

Sexy Corpus, voyage dans la chair des mots, Lemieux, 2015.

J'te kiffe, je t'aime, Gallimard, Folio, 2017.

Viriles comme Vénus, Équateurs, 2021.

Amazones, déesses, sorcières, Eyrolles, 2022.

Mariette Darrigrand

L'ATELIER DU TRIPALIUM

NON, TRAVAIL NE VIENT PAS DE TORTURE !

ÉQUATEURS **Mots contre maux**

ISBN 978-2-3828-4583-7.

Dépôt légal : mai 2024.

170 *bis*, boulevard du Montparnasse, 75014 Paris.

editions-des-equateurs@orange.fr
www.editionsdesequateurs.fr

« Il faut travailler, sinon par goût, au moins par désespoir, puisque, tout bien vérifié, travailler est moins ennuyeux que s'amuser. »

Charles Baudelaire.

À mon grand-père paternel,
artisan ébéniste qui avait le sens
du beau *tribalh* – la belle ouvrage.

À mon grand-père maternel, ouvrier du
bâtiment qui chantonnait souvent
« Le samedi soir après l'turbin,
l'ouvrier parisien… ».

Prologue

Ce matin de février 2023, il faut se frayer un passage entre les tas d'ordures gisant sur les trottoirs. Pyramides noires aux flancs éventrés, elles rejouent *Le Ventre de Paris* en le mettant sous le nez des passants. Comme au temps de Zola, on sent que certaines tâches spécialement difficiles et qui ne retiennent pas l'attention, accomplies au petit matin, doivent être « visibilisées ». Essentielles mais non reconnues, elles ne peuvent s'exercer jusqu'à soixante-quatre ans. « 64 va refaire 68 » si la loi sur les retraites passe, disent les murs que je longe. De minuscules affiches, écrites à la main, bricolées dans les cuisines devant la télé qui attise les colères, sont collées sur les abribus. *Métro, boulot, caveau. Retire ta loi Macron sinon ça va pas sentir bon. La retraite vite et la double traite... Deux ans, c'est deux ans, patrons voleurs de vie...*

Les odeurs sont par endroits insoutenables. Les peurs de l'insalubrité qui d'ordinaire dorment dans les pages d'un roman du XIXe siècle sont lâchées comme des chiens affamés. Comme des rats.

Dans ce contexte, trouver le passage du vingtième arrondissement où j'ai rendez-vous à huit heures, puis, dans ce passage, la galerie d'art contemporain où aura lieu la journée d'étude à laquelle je dois participer, produit sur moi un bonheur des sens inattendu. Mon métier de sémiologue me vaut de plus en plus souvent des invitations à venir expliciter les mots de notre époque : transition, responsabilité, durabilité... Revenus par l'anglais « *globish* », ces termes galvaudés ont souvent une longue histoire qu'il est passionnant de redécouvrir. Aujourd'hui, c'est sur le mot « travail », en plein bouleversement, que je dois plancher.

« Bienvenue », me dit le jeune visage. « C'est Clovis, notre alternant », m'explique Pauline, la directrice de l'agence d'événements qui a proposé cette journée d'atelier interactif à son plus gros client, une grande entreprise agroalimentaire. « Merci de venir ouvrir notre *workshop*. Nous tenons beaucoup au sens des mots. Attention quand même : il faut que votre intervention soit courte et percutante. Intelligent mais pas intello, vous voyez ce que je veux dire ? Inspirant avant tout. Pas de référence de bouquin, c'est *boring*. Vous pourrez faire l'intro et la conclu en anglais parce que notre partenaire Asie sera là en distanciel ? »

J'entre dans la galerie, rebaptisée « espace de *coworking* », ouverte sur une ravissante cour pavée entourée de plantes vertes. Une boutique de juke-box occupe l'un des ateliers reconvertis. Elle en jouxte une autre proposant des vêtements chinés, de seconde main – et de première vertu. Dans la vitrine encore fermée, une robe néo-hippie me fait signe avec ses fleurs bleues qui luttent contre la guerre au nom de l'amour.

« Sémiologue, c'est comme sociologue ? » me demande Artémis, en un battement de ses immenses faux-cils. « Je me présente : je suis cheffe de produits sur les innos. » Devant mon air probablement étonné, elle précise gentiment : « Innos, ça veut dire innovation. » Une autre voix plus mature fait irruption : « Pardon, je vous coupe, tu peux venir, Arté ? On a un problème avec la connexion. »

« À tout de suite, reprend la belle chasseresse du monde actuel, j'ai trop hâte d'entendre votre exposé sur les mots du travail, il paraît que ça va être comme un mini TEDx. »

L'un des ateliers vintage, ouvert et lumineux, travaille déjà depuis deux ou trois heures, si j'en crois l'un des charpentiers, sorti comme moi vapoter, casquette à carreaux vissée sur la tête. La sémiologie relevant du journalisme vagabond, je lui demande ce qui est fabriqué dans son entreprise dont le nom écrit à la main sur la devanture m'intrigue : *Ben ébenne.*

« Je vous donne un exemple : en ce moment, on a un gros taf, on bosse tous sur une boutique de baskets de luxe à base de pneus recyclés. Il faut qu'on évoque à la fois le progrès et la tradition, le digital et l'artisanal. Pour le prototype, on fabrique à l'ancienne avec des bois renouvelables et des vieux outils, et ensuite on sort tout en 3D. »

Petite fille d'ébéniste, je poursuivrais bien la conversation mais Artémis – « On rentre ensemble ce soir Ben ? » – vient me prévenir que « le workshop va commencer ».

« Bon travail, me souhaite ce dernier, et dites au néo-libéralisme qu'il n'en a plus pour longtemps !

— Ravie de vous accueillir », c'est maintenant Leïla qui parle, la directrice RSE de l'entreprise invitante. Elle présente à toute l'assemblée la « *fablab* annuelle, millésime 2023 ». « Comme vous le savez, chaque année, on quitte nos *open spaces* pour nous reconnecter à la vraie vie. L'année dernière c'était dans la Drôme et je sais que l'éco-lieu vous a bien plu. Cette année, c'est au cœur de Paris, ville des ouvriers et des artisans, qu'on se retrouve. À 14 heures vous aurez un speech de Phil Boomer, un coach engagé pour les JO 2024. Et – je croise les doigts – c'est Nicolas Collomb, l'écrivain-voyageur, qui viendra nous raconter ses aventures en fin de journée. »

Les participants à la journée d'étude doivent commencer par plonger les mains dans un monceau de magazines de mode, de décoration, de musique, de jeux vidéo, de sport qui s'étalent sur un immense comptoir en bois. L'ambiance est libertaire, joyeusement enfantine. Un flot d'images colorées, et pour certaines très esthétiques, nous est offert. Chaque participant doit choisir celle qui symbolise le mieux « ce qu'elle, il ou iel » entend par « Travail ». En feuilletant puisque je suis enrôlée dans l'un des groupes – « pour que vous aussi vous laissiez parler votre cerveau reptilien pour bien commencer la journée », me dit Valérie, l'animatrice de la journée, psychanalyste reconvertie en animation de groupes –, je m'arrête sur un superbe reportage illustrant la récente réouverture à New York de la librairie Nobles & Barnes. Le design industriel des années vingt est recolorisé. Il reprend vie sous nos yeux. On sent le bois, on touche la brique veloutée, un doux soleil nous frôle…

Quelques instants plus tard, la toute première image de ma présentation montre un sanguinolent pic à trois branches, souligné du titre en lettres d'or : « L'atelier du Tripalium »… Le CEO, Thomas, entre à cet instant, en retard comme il se doit de toute éternité pour un chef. « Voilà donc la torture qui nous attend ? » s'écrie-t-il, déclenchant les rires de ses collaborateurs.

Je suis surprise de voir du latin apparaître dans cet univers de franglais. Ce n'est pas moi qui ai choisi ce titre. Je préférais « Travail : les mots contre les maux ». L'image d'un corps crucifié et sanguinolent accompagné du mot « Tripalium » en lettres de sang semble familière à tous les participants, quels que soient leur âge ou leur fonction. Je m'en étonne.

« Vous savez, on a souvent des formations Ressources humaines depuis le Covid parce qu'on sait que les gens travaillent trop quand ils sont en télétravail. On veut éviter qu'ils craquent et se mettent en congé maladie. Alors on nous répète que le travail peut être toxique, qu'il vient de cet instrument de torture qui s'appelait *tripalium*... C'est dans tous les bouquins de management. »

En réaction à cette information, et sans que je l'aie prévu, ces paroles s'envolent alors de ma bouche :

« Désolée de refuser votre belle image suppliciante, mais ce matin nous allons voir ensemble combien justement elle est fausse. J'ai cru longtemps moi aussi que "travail" venait de *tripalium*. Une découverte récente m'a fait changer d'avis. Mes yeux se sont ouverts quand j'ai appris que l'anglais *travel* était un emprunt au "travail" français. Vous ne trouvez pas que ça donne envie de voguer vers de nouveaux horizons lexicaux ?

— Vous voulez dire que *tripalium* c'est du *fake* ?

— Oui, la *fake news* du siècle ! Allons la déconstruire et entrons dans le véritable archipel du "travail". »

I

Tripalium

Le travail comme torture

« Le travail, entre autres avantages, a celui de raccourcir les journées et d'étendre la vie. »
Diderot.

***Tripalium*, étymologie populaire et torturante**

Ces dernières années, ma pratique professionnelle m'a amenée à participer à des ateliers créatifs comme celui que je viens de décrire rapidement, des *workshops* d'équipe, des réunions participatives, des lab', des sessions, des apéros constructifs, des petits déjeuners d'échanges... Les formulations varient mais la demande est la même : « Aidez-nous à retrouver le sens des mots. » Le monde du travail repose en effet beaucoup aujourd'hui sur des concepts aussi philosophiques que flous comme la « responsabilité », l'« inclusivité », l'« aidance », le « régénératif »... Tout cela dans une époque qui cherche à se nommer elle-même à travers des titres plus ou moins angoissants : vivons-nous la grande transition ? La grande démission ? Un nouveau Moyen Âge ? La fin des Lumières ? Le retour du Chaos ?… Tenter de revenir sur notre langage commun, développé avec démesure par les nouvelles formes de communication, est sans aucun doute devenu nécessaire.

Pour écrire ce livre, je me suis donc servie de cette expérience, et ai choisi un de ces ateliers sémiologiques comme fil rouge de mon texte. C'est à cette occasion en effet que la prégnance de l'étymologie *tripalium* dans le monde du travail m'est apparue. Fausse mais ancienne, cette origine, qui fait du travail une torture, est donnée dans de nombreux essais, articles, conférences, formations aux RH (ressources humaines). Elle en constitue la remarque liminaire. Il faut partir d'elle pour dénoncer les dysfonctionnements – bien réels – du monde du travail. Elle est, comme on dit, devenue incontournable et de ce fait contient une forme de « vérité » partagée.

Toutefois, s'y limiter serait très fautif ou tout au moins très paresseux pour une raison essentielle : cette fausse étymologie nous détourne de territoires imaginaires riches et variés portés par d'autres mots. Des évocations bien utiles pour éclairer différemment le travail et tenter de le réinventer. Ce livre va donc commencer par le *tripalium* pour mieux s'en détacher et ouvrir sur la véritable étymologie et d'autres façons de nommer l'activité humaine, que notre histoire culturelle a su imaginer.

L'image du *tripalium* circule d'autant mieux dans le monde de l'entreprise ou des organisations qu'elle correspond bien au goût actuel pour la morbidité. D'ailleurs le titre d'une série dystopique radicalise l'idée par son titre, efficace mot-valise. *Trepalium* raconte comment, dans un avenir proche, un apartheid se créera entre les 20 % de la population qui travaillent encore et ceux qui auront été éjectés et laissés sans ressources par un système totalitaire, capable d'instrumentaliser la révolution de l'intelligence artificielle. En attendant ce funeste avenir, ChatGPT n'a besoin que de trois secondes pour produire son explication en apparence argumentée : « Le mot français "travail" vient du latin "*tripalium*", qui était un instrument de torture constitué de trois pieux utilisé dans l'ancienne Rome. Ce mot latin a ensuite évolué pour désigner le concept de travail dans le sens moderne. Au fil du temps, le sens de "travail" s'est élargi pour englober toute activité productive ou laborieuse. »

Enfin, le succès dans un certain milieu du *tripalium* vient aussi du fait qu'il est très photogénique. Sur les réseaux circulent des pictos éloquents dont celui qui reprend la position de l'homme de Vitruve transformé en Christ en croix, membres écartelés, corps soumis au supplice de la roue.

Bref, selon l'âge du spectateur, le *tri-palium*, pic à trois branches – qui a vraiment existé au Moyen Âge –, semble sorti de *Game of Thrones* ou des *Rois maudits*. Il met le travail sous le signe de la torture, une torture spectaculaire et séculaire. Faire carrière joyeusement comme j'avais vu mon propre père le faire, permettant à ses enfants d'accéder à sa suite à des métiers choisis, ce parcours progressiste considéré comme normal dans la filiation des Trente Glorieuses, paraît lointain. Et pour un Harry Potter réussissant à Harvard-Poudlard, combien de CDD ou de stages non rémunérés jetés en pâture à la jeunesse européenne depuis vingt ans ? Combien de travailleurs paupérisés dans des professions essentielles, comme la santé ou l'enseignement ? Combien par ailleurs de congés maladie pour grever les budgets des entreprises et creuser le déficit de la Sécurité sociale ?

Dans le monde de l'entreprise privée, le mécanisme négatif a suivi une certaine évolution du vocabulaire, devenu de moins en moins syndical, de plus en plus psychologique. Plus difficile de se révolter contre un pervers narcissique qui vous met définitivement sous emprise comme l'expliquent les magazines, que contre un petit chef que l'on peut, avec l'aide de son délégué syndical, faire tomber comme une bastille. Livré à lui-même, le salarié transformé en « collaborateur », « chef de produit » ou « business manager », apparemment valorisé mais en fait coupé de la coopération classique avec des collègues, s'est mis à vivre les avatars classiques de la vie professionnelle dans une grande solitude.

Dans ce trajet du travail vers la sphère privée, cette perte de valeur progressive des formations, cette dérégulation des niveaux – qui aujourd'hui pourrait se définir comme « cadre »? – le lit a été fait à un concept à la fois générique et anxiogène : la souffrance… *Souffrances en France* révélait dès 1998 l'étendue du problème sans jamais être vraiment repris par les politiques – étonnant mystère. Peut-être qu'un psychiatre, métier de Christophe Dejours, auteur de ce livre fondateur, manquait de légitimité pour parler d'aliénation, d'exploitation, d'inégalités sociales, d'injustice de classe et de domination néolibérale… Et cela, alors même que tous ces concepts n'atteignaient le degré sociopolitique et la dimension collective qu'en passant par le corps intime – à condition bien sûr d'entendre dans ce dernier mot la part très autoritaire (*intimer un ordre*).

De la vraie souffrance mais du faux latin

Le médecin du travail est à cet égard un lanceur d'alerte plus pertinent que le lanceur d'idées. Des secrets inavouables lui sont confiés – « Après la réunion où je me suis fait descendre en direct, j'ai couru pleurer dans les toilettes, je ne dors plus, mon dos n'est qu'une suite de douleurs, ma libido a disparu… » Florence Bénichoux, cancérologue devenue consultante en ressources humaines, rappelle souvent dans ses conférences sa propre évolution professionnelle : « Avant je soignais les gens, maintenant je soigne l'entreprise puisque c'est elle qui rend les gens malades. » Nous avons souvent collaboré car elle attache beaucoup d'importance aux mots. Elle m'appelle ce 20 décembre 2022. Je réponds allègrement pensant que l'amie veut me souhaiter de belles fêtes, mais à son ton grave, je comprends qu'elle va me passer une information professionnelle. Elle, l'optimiste, me dit : « Je suis très inquiète, tous les indicateurs de notre observatoire sont en hausse : le stress a monté de dix points dans les boîtes françaises au cours de l'année 2022. Le Covid a laissé des traces… » Pour Florence le stress est le grand déclencheur pathologique. À ses yeux, il est incontestablement la forme contemporaine que prend l'ancestral pal à trois pics s'insinuant dans les corps.

Vous ne vous retrouvez plus sur l'organigramme de votre entreprise ? Un simple mail de votre CEO que vous ne voyez jamais car il n'est pas en Europe annule tout votre travail depuis trois mois, le contrat que votre PME a préparé depuis des semaines capote au dernier moment, vous avez dépassé 45 ans, la direction des ressources humaines vous convoque car il faut préparer votre retraite que par ailleurs on vous demande de prendre le plus tard possible…

Injonctions contradictoires, vexations, annulations narcissiques, la liste est longue des facteurs pathogènes. Leurs transformations sémantiques, également, aggravent les maux par les mots : émulation entre équipes devenue *team gaming*, peaux de banane traduites en *hacking* de vos idées, investissement dans son travail transformé en risque d'addiction, tristesse passagère métaphorisée en incendie ravageur – vrai nom du *burn-out* –, le climat s'est déréglé aussi sur ce plan symbolique. « Il y a urgence à faire quelque chose pour notre santé mentale, conclut Florence. Les syndicats et les politiques ne voient pas cette catastrophe invisible. J'ai envie de faire une tribune, un tract, un libelle... De lancer une alerte. Mon éditeur voudrait comme titre : *Tripalium & Valium*. Qu'est-ce que tu en penses ? »

Le mot « *tripalium* » est absent du célèbre Gaffiot, dictionnaire latin-français. C'est en fait un latinisme tardif, calqué sur les concepts du monde romain mais créé bien après la chute de l'Empire. Logiquement, la métaphore crucifiante est venue des Pères de l'Église et de leurs successeurs. « *Tripalium* », attesté dans le latin du VIe siècle, vient de moines dignes du *Nom de la rose* écrivant de leur plume prosélyte. Tu travailleras dur en ce bas monde pour atteindre le paradis, tu enfanteras dans la douleur... Cela va bien ensemble. Il faut souffrir pour être belle... La vie n'est pas un chemin de roses. Avec ce type de *punchlines*, le premier christianisme veut rompre avec la société antique et son sens de l'oisiveté. Concernant les Romains, ces futurs Italiens, l'imagination va bon train pour peindre le tableau du farniente infamant : balades sur le forum ensoleillé, repas sur des lits de jouissance, conversations bien arrosées, cultes rendus à Éros et Vénus. Quant aux Grecs, ce peuple de marins, ils valorisaient les voyages guerriers loin de l'amour du prochain, ou des banquets philosophiques où l'on tchatchait plus que l'on ne labourait.

Avec la Bible hébraïque, les choses se présentaient déjà clairement puisque Dieu lui-même est un gros bosseur. Le monde n'est plus créé magiquement par l'arrivée de Gaïa mettant fin au Chaos et engendrant avec Ouranos les Titans puis les dieux de l'Olympe. Dans la Torah, le récit de l'Ancien Testament, il faut à Yaveh six jours ouvrés pour produire le monde en séparant le bon grain de l'ivraie, les lumières des ténèbres, les terres de la mer, l'air céleste du feu souterrain, les humains des animaux, les fleurs des cailloux... À chaque jour suffit sa peine et le repos du septième jour est considéré comme une nécessité métaphysique autant que physique. Depuis, vendredi, samedi ou dimanche, le choix varie en fonction des religions monothéistes, il y a toujours l'idée d'un temps pour tout : un temps pour le travail, un temps pour la reproduction de la force de travail – comme le dira Marx.

Aujourd'hui avec le petit pantin crucifié comme sur une croix du Golgotha qui circule sur Google, l'écartèlement saute aux yeux, le démembrement est consommé. La métaphore fait comprendre plus rapidement que les grandes phrases que les membres d'un comex viennent d'être dissociés, que les personnels du management d'en haut ont été coupés de ceux d'en bas sans lesquels pourtant ils ne pourraient pas fonctionner – vendeuses des boutiques de luxe, vigiles silencieux, multiples autres participants de la très longue chaîne du travail...

Rien d'étonnant à ce que, dans ce contexte, être aligné entre ses valeurs personnelles et son job soit devenu le premier critère des jeunes diplômés. Les conflits de valeurs ne sont plus acceptés. Travailler pour un pétrolier pollueur, non merci ! Quitter la grosse boîte capitaliste pour une micro-activité d'auto-entrepreneur, oui tout de suite, car je serai dans la cohérence entre mes idées et mes actes, ma colonne vertébrale morale s'élèvera clairement et me solidifiera : voilà l'espoir des jeunes travailleurs. Ils ont vu leurs parents manquer de tout cela, somatiser d'en manquer.

Actualité du vieux *tripalium*

Héritière de la vision suppliciante, la culture occidentale voit le travail sous l'angle du temps. Gagner des heures de repos, rééquilibrer l'horloge chronobiologique marquera toute l'histoire des luttes ouvrières. Paru en mars 2023, *Il n'y aura pas de sang versé*, le dernier roman d'une écrivaine experte de ces questions, Maryline Desbiolles, raconte la lutte des « ovalistes », ces femmes du milieu du XIXe siècle qui à Lyon, et dans des pièces aveugles et ovales, tissent les soieries : derrière leur machine, dix heures par jour, six jours et demi sur sept. Nouvelles tâches, nouveaux termes : « Ovaliste, organsin, Ourguentch, Ouzbékistan, les ouvrières n'ont aucune qualification, mais des mots rares leur sont accolés, inconnus, y compris d'elles-mêmes »… Dans les années 1868, elles formeront le premier syndicat féminin et exprimeront l'une des premières revendications de diminution du temps de travail.

Travailler moins pour gagner plus, l'aspiration est ancienne. À gauche souvent le droit à la paresse revient.

Dans les manifestations anti-réforme des retraites qui secouent régulièrement la France, les pancartes réitèrent le célèbre refrain d'Henri Salvador à propos des « prisonniers du boulot qui font pas de vieux os », en proclamant : « Métro, boulot, tombeau », « Vélo, boulot, caveau »…

Le cadre franco-français n'est pas seul en cause. C'est avec la mondialisation et ses mécanismes de destruction de valeur que la belle épopée vers moins de travail s'est grippée en Occident, plus précisément en Europe, plus précisément en France. Jusqu'à s'inverser. Actuellement, l'investissement en souffrance n'est plus transformé en retour sur investissement sous forme de récompenses : belle maison, belle voiture, beaux voyages, beaux bijoux. Et surtout enfants sauvés du besoin. Ce n'est pas parce qu'un parent aura beaucoup travaillé que sa descendance sera assurée d'un avenir radieux. Cette grande galerie de l'évolution n'existe plus. Comme l'on dit : l'ascenseur social en panne.

Dans ces conditions, rien d'étonnant à ce que le *tripalium*, qui aurait dû depuis longtemps être remisé au magasin des accessoires, soit plus rutilant que jamais. Il ne parle plus latin mais franglais : *burn-out*, *workaholism*, *bullshit jobs*, santé mentale… Ce *new speak* digne de *1984* rejoint en fait tout un langage archaïque que la modernité était censée faire oublier. Les souffrances au travail, en hausse depuis dix ans, incarnent l'une des plus grandes régressions de notre époque.

Pour une fois, je regrette qu'une étymologie constitue le socle des débats car le *tripalium* a usurpé sa place dans l'histoire philologique. Il n'est qu'une énorme fausse nouvelle culturelle. Une contrefaçon, comme une fausse paire de Ray-Ban que l'on nous ferait prendre pour une vraie. Il faut le proclamer : « *Tripalium* n'est pas l'étymologie de "travail". »

L'histoire de « travail » mérite d'être éclairée de bien d'autres façons que par la torture.

RÉFÉRENCES

Christophe Dejours, *Souffrances en France – La banalisation de l'injustice sociale,* Le Seuil, 1998.

Florence Bénichoux, *Et si on travaillait autrement ?,* Eyrolles, 2018.

Maryline Desbiolles, *Il n'y aura pas de sang versé,* Sabine Wespieser éditeur, 2023.

2

Trave

Le travail comme bois

« Pourquoi vois-tu la paille qui est dans l'œil de ton frère et n'aperçois-tu pas la poutre qui est dans ton œil à toi ? »

Évangile de Luc, 6, 41
(traduction Louis Segond).

« Comme cellui qui regarde la paille en l'œil de son compaignon et ne voit le groz traveaul qu'il tient au sien. »

Réponse de Charles Quint à la
déclaration du roi de France.

Les fausses étymologies sont les meilleures

Ce sont du moins mes préférées. De vrais clusters idéologiques. Ça bruisse en elles, il suffit de se baisser pour entrevoir l'intention de celui qui parle et donc la vision d'une époque donnée. J'en ai fait l'expérience étonnée souvent. La virilité vient du mot *vir* en latin qui veut dire « homme », donc c'est la qualité (ou le défaut) de la gent masculine. Oui, bon d'accord, c'est ce qu'on pense depuis que Jules César nous l'a fourré dans la tête, mais n'oublions pas qu'à l'origine tout procède de la *vis*, cette force non genrée qui vient de la nature – et à laquelle les femmes peuvent tout à fait prétendre.

J'ai travaillé ce rapt sémantique dans *Viriles comme Vénus*, mon avant-dernier livre. De même que, dans le dernier, je suis revenue sur la croyance que l'Amazone est une femme privée d'un sein car un A privatif est supposé commencer le mot alors qu'aucun objet antique ne l'atteste : sur les vases, coupes, bouteilles, les combattantes des steppes arborent toujours une poitrine complète, lancée en avant comme un bouclier.

Ces deux exemples prouvent que l'étymologie est la voie royale des croyances populaires. L'emprunter c'est explorer des parcours de pouvoir, c'est regarder la façon dont toute société est façonnée depuis toujours par des influenceurs, racontée selon des causes politiques, religieuses, corporatistes. Le *soft power* n'est pas arrivé avec les séries TV. Il souffle sur nos têtes depuis la toute première tribu. Il est inhérent à toute forme de société.

L'étymologie de « travail », mot si central dans le monde actuel, donnée communément par *tripalium* constitue à ce titre une précieuse pièce archéologique. Le travail comme torture fait partie de notre histoire, jalonne notre route. Il est là, vrai et faux. Incontournable. Sa présence dépasse la question de la vérité. Il pose son existence, nous devons faire avec. Plus exactement sans… Sans d'autres territoires imaginaires qui ont existé et sont aujourd'hui limités. Ou que le mot travail, hégémonique, n'a pas laissé se développer.

Comme un volcan que l'on pense éteint, ce concept figé se réveille régulièrement. Depuis trente ans les gouvernements de notre pays s'attellent officiellement au financement du système des retraites. En réalité, ce sont les mutations du travail qui sont en cause, jusqu'à la question de l'après-travail salarié. Dans toutes ses dimensions, des plus traditionnelles aux plus mutantes, le travail fonctionne comme une poudre hautement inflammable. Plus exactement comme une poutre dans notre œil collectif. Une poutre qui nous cacherait la forêt d'autres sens plus intéressants. Une poutre qu'évidemment nous voyons dans l'œil de l'autre, et non dans le nôtre. Au moment crucial où dans la vie l'on quitte le boulot pour filer des jours heureux et paresseux, une soudaine et surprenante énergie met de l'électricité dans l'air français. « Travail » rallume les braises. Rallongé de deux années, au début de l'année 2023, et comme en 2010, et comme en 1995, ce mot met le feu aux rues des villes françaises. *Tripalium* n'est pas sa vraie racine. Mais peu importe, il est pire que cela : sa pile éternellement renouvelable.

Ce qu'avait vu Émile Littré

« *Tripalium* » fait son entrée au musée du langage dès les tout premiers dictionnaires au XVIIe siècle. Au XIXe siècle se joue son statut de « vérité » étymologique. C'est aussi le moment où un premier doute apparaît. Années 1860, Émile Littré expérimente ce qu'on appellerait aujourd'hui une reconversion professionnelle. À soixante-deux ans, au lieu de prendre sa retraite, il commence un nouveau job. Lui, le scientifique, déjà auteur d'un dictionnaire de médecine, a décidé de se consacrer à sa véritable vocation. Il a fait de la sémiologie au sens premier : la science médicale qui analyse les symptômes. Puis au sens politique : il a analysé et utilisé les signes venus du corps social. Désormais, c'est à la source première qu'il veut remonter : les signes, il veut aller les chercher dans les mots. Il devient lexicographe. Les vingt dernières années de sa vie seront consacrées à finaliser la rédaction de son grand œuvre, le fameux Littré. Ce livre ouvre une voie nouvelle que le dictionnaire de l'instituteur Pierre Larousse, publié dix ans auparavant, n'avait pas entrevue, car trop tendu vers la seule conformité à l'orthographe.

Est-ce parce qu'il est scientifique ? Est-ce parce qu'il travaille depuis de nombreuses années auprès du philosophe positiviste Auguste Comte ? Est-ce parce qu'il a fait de la politique en tant que centriste rationaliste plaidant pour moins d'injustice sociale tout en croyant en la valeur travail ? Difficile de trancher, mais pour Émile Littré l'histoire du *tripalium* ne tient pas.

Qu'un I devienne un A, ça lui paraît bizarre. Qu'ensuite le P se transforme en V, c'est d'après lui impossible. Cela ne s'est jamais vu ou plutôt jamais entendu. Resté médecin, il sait que le langage se fait à l'oreille. On entend un mot avant de le comprendre. Alors, des jours et des nuits, Émile va ausculter toutes sortes de langues régionales qui donnent du français des variations phonétiques très intéressantes.

Un jour, il tient enfin son occurrence ! Il se dit : Et voilà le travail ! Plus exactement : Et voilà le « *trabalh* » ! puisque le mot appartient à la langue d'oc. Il désigne en provençal – ou dans le Béarn de mes grands-parents – une machine en bois, constituée de quatre poteaux et de courroies de cuir, construction à l'intérieur de laquelle on place le cheval à ferrer. Le travail est donc d'abord l'outil principal du maréchal-ferrant. Dans cette France du Sud, proche de l'Espagne – pays qui a développé le verbe *trabajar* –, *trabelher* c'est s'occuper d'un animal destiné aux travaux des champs. Il s'agit de faire en sorte que le cheval repose une partie de son corps et se repose temporairement pendant qu'on lui répare le sabot. Un peu plus tard, on peut voir aussi cette fois un bœuf ou une vache être reliés à un collègue animalier par le cou : mini-*trabahl*, petite poutre, harnais des champs. Certes, l'objet est pointu pour bien se ficher dans la terre ou s'enfiler dans une cheville de bois – la cheville ouvrière – mais il n'est pas du tout un objet de torture. Bien au contraire, ce tout premier « travail » vient aider à la fois l'homme et l'animal. Il est au service de *l'animal laborans* qu'ils forment ensemble.

La trouvaille de Littré a été récemment corroborée. Le médiéviste André Eskenazi, convaincu que « *tripalium* est une chimère », a par exemple montré qu'en ancien français la « *trave* » est une poutrelle (ce dernier mot pouvant aussi désigner une « petite fille curieuse » qui veut tout voir et tout savoir et court dans les travées de la culture). Je citerai également la chercheuse hispanisante Marie-France Delport, qui a proposé en faisant un détour par l'espagnol que *trabajar* soit de la même famille que *viajar*, voyager... Ce territoire imaginaire, cet appel du large m'a sauté aux yeux car je savais par ailleurs que l'anglais *travel* avait été emprunté à l'ancien français – ce qui avait commencé quelques années plus tôt à me mettre la puce à l'oreille contre l'horrible *tripalium*.

Dans l'univers médiéval, à la suite du maréchal-ferrant, le travail s'applique au charpentier. Travailler c'est construire des *traves*: des poutres, des solives qui solidifient les toits des bâtiments. Avant de constituer des espaces entre des boiseries structurantes, les travées sont ces boiseries elles-mêmes. En ancien français, cet écosystème sémantique est très vivant. « Travail » venu du bois désigne peu à peu l'ensemble des efforts fournis pour construire des charpentes et des toitures. Des nefs – avec une belle assonance entre *nef* et *tref* (l'une des formes de « *trave* » en ancien français). À partir de cette origine spécifique, il s'agit de produire en général: de la nourriture, des objets, des raisonnements, des idées. Tout ce qui peut solidifier la vie. La *travaillance* est une vaillance. La *travailleure*, un labeur. La fatigue a longtemps été nommée *la travailleuse*.

Sur le fil de cette dynamique imaginaire, le risque de l'animalisation est constamment présent. Puisque *entraveiller* c'est lier l'animal et l'humain, ils sont toujours possiblement – et ensemble – *bêtes de somme.* De la machine à ferrer à la machine à accoucher il n'y a qu'un pas : une femme en travail met ses pieds dans des étriers – dégradante et animalisante comparaison. La *trave* se retourne vite en entrave. Il est clair que la limite est ténue entre le bel effort à la Spinoza – élan vital instinctif pour sortir de l'inertie – et l'effort conduisant à l'épuisement des ressources. Le travail est profondément ambivalent. Vaillance et souffrance se touchent.

Cette ambivalence n'est pas respectée quand l'un des pans idéologiques gagne sur l'autre. « Travail, famille, patrie » : la souffrance n'a pas droit de cité. Dans la vision actuelle, c'est à l'inverse le positif qui est éliminé : « travail » est vite flanqué de TMS, « trouble musculo-squelettique », « risque psychosocial », « *workaholism* ».

Savoir voir la poutre et en faire un tremplin

De nombreux jeunes diplômés choisissent aujourd'hui de revenir à des métiers d'antan, plus manuels, concrets. Dans les années 2010, le jeune ingénieur à peine sorti de l'école Arthur Lochmann sent qu'il perd sa boussole intérieure en commençant sa carrière dans une entreprise du CAC 40. Pour éviter le naufrage, il décide de passer un BTS de charpentier. Intelligence de la main, retour aux gestes éternels, transmission relationnelle des savoir-faire, tout cela l'apaise. Il se sent consolidé. La charpente qu'il construit avec d'autres, ce n'est pas seulement celle d'une maison, mais celle de son propre corps. Dans son livre *La Vie solide. La charpente comme éthique du faire*, il raconte son expérience et fait notamment remarquer que la « trave » fait toujours partie du vocabulaire-métier du charpentier. J'entends à la radio, un matin de mai 2023, alors que je travaille sur ce livre, qu'il fera partie de l'équipe chargée de reconstruire à l'identique les quatre piliers d'angles en bois sur lesquels la flèche de Notre-Dame va venir s'apposer. Tant de siècles après ceux des bâtisseurs du Moyen Âge, le même geste sera effectué par de très rares ouvriers qui sont encore capables aujourd'hui de manier une hache du XIVe siècle, qui savent toujours unir *nef* et *tref*...

Émile Littré, brillant *profiler* du langage, avait donc vu juste avec le petit vocable *trabs* qu'il donne comme vraie souche du mot « travail » *via trabe, trave, tref*... La filiation s'entend encore très bien en catalan. Pour restaurer la Sagrada Familia de Barcelone, il en avait fallu du *treball* peut-on lire dans certains témoignages. Le dictionnaire latin donne des exemples parlants de ce contexte à la fois naturel et spirituel.

Virgile, le grand poète latin du Ier siècle avant Jésus-Christ, raconte le voyage initiatique d'Énée, fils de Vénus, fondateur mythique de la civilisation romaine. Dans l'*Énéide*, comme dans la plupart des récits initiatiques, le héros s'enfonce dans une forêt pour y vivre une révélation sur lui-même et sur le sens de la vie. Les arbres autour de lui montent haut, élancés vers le ciel : ils cherchent à toucher Zeus, dieu de la foudre. Ces hauteurs végétales sont comme les colonnes d'un temple. Ce sont elles qui se nomment *trabes*. Un jour, elles donneront les « traves ». Pour le moment, elles attirent Énée, le protègent, lui ouvrent un espace de lumière entre les futaies. Il lève la tête, pressentant que le ciel va lui envoyer un signe. De cette fenêtre ascensionnelle descend comme d'un vitrail la lumière d'un rameau d'or. C'est pour avoir pu entrevoir entre les *traves* cette feuille surnaturelle, d'un jaune solide, non végétal, véritable or philosophal et forestier, qu'il est consacré héros.

« *Trave* », véritable étymon de travail, est donc un mot poétique et sacralisant qui fleure bon les bois et les canopées. Il illustre magnifiquement ce qu'aujourd'hui on appelle sans plus de détail « le sens ». Dans le monde grec, beaucoup plus marin, existait déjà un *trabos* qui désignait les lattes de la coque des navires. Dans la villa romaine, ce bois forestier a vite constitué l'outil agricole privilégié. Notre travail, tout comme le *trabajo* espagnol ou le *trabailho* portugais, en est l'héritier direct. En France, comme dans tout le monde occidental, nous redécouvrons depuis peu la valeur des arbres, leur compétence, leur solidité, leur parfum d'écorce, leurs racines intelligentes. Dans tout cela : nulle image de torture ! Comme nos ancêtres du Latium ou d'Ombrie, nos cousins de Bavière ou de Pologne, nous voyons bien plutôt de l'appui, du soutien, de la collaboration entre nature et ingéniosité humaine. Une source de créativité également – quel berger n'a pas sculpté un morceau de bois ? Quel garde forestier ne s'est pas doté d'une canne-colonne ?

Je m'en veux beaucoup de n'avoir pas vu cette poutre qui était dans mon œil. Je l'ai lue souvent pourtant. Lue sans la voir. La notice « Travail » du *Robert historique* la contient noir sur blanc, je n'ai aucune excuse. D'autant que j'apprécie particulièrement le travail du linguiste cité par Alain Rey, Pierre Guiraud, grand spécialiste des gros mots et auteur d'un *Dictionnaire érotique* qui le place du côté de l'hédonisme et non de la souffrance. Dans son génial *Dictionnaire des étymologies obscures*, et à la suite de Littré, ce lexicologue très pop des années 70 avait bien pensé au bois, socle de « travail », en faisant un rapprochement entre *tripalium* et *trabicula :* « petite poutre » en latin. Il avançait l'idée d'un croisement sans en dire plus, mais faisait remarquer que le bois « travaille ». Durant mes études, j'avais retenu l'image car elle est facile à comprendre : il suffit de revenir l'été dans une maison qui a été fermée tout l'hiver. Les volets sont difficiles à ouvrir, les armoires grincent, le bois a produit toutes sortes de changements en notre absence, il a travaillé. La psychanalyse a par la suite repris l'idée : travail du rêve, travail de l'inconscient, ça bouge en nous alors que nous sommes immobiles sur un divan.

Ou lorsque nous dormons.

Retenons donc la leçon : profondément ambivalent, le travail contient tout autant la trave que l'entrave. Il nous soutient souvent et parfois nous emprisonne. L'important aujourd'hui, dans un monde qui nous déracine de plus en plus, et le plus efficacement désormais par l'intelligence artificielle, est de garder un pied dans ce bois originel, cette forêt sémantique. Les conditions sont réunies pour que nous le fassions, car, sur les eaux de la fameuse « transition » que nous sommes censés vivre, nous savons bien nous réancrer dans la nature. Ancrage et voyage sont les deux mamelles de la condition contemporaine. Notre vision du travail a donc bien des racines et des ailes. Ne nous coupons pas de cette précieuse double souche. Sachons garder cette belle dynamique originelle.

Sachons voir la poutre et nous en servir de tremplin.

RÉFÉRENCES

André Eskenazi, « L'étymologie de *travail* », revue *Romania,* 2008, article qui démontre que « l'étymon *tripalium* est une chimère ».

Prolongé par Franck Lebas, « L'arnaque de l'étymologie du mot travail », HAL, archives ouvertes, 2018, 18, n° 1, p. 123-127 : « Nous pouvons néanmoins affirmer que les entreprises idéologiques autour du concept de travail ne peuvent plus légitimement être alimentées par l'hypothèse d'un lien étymologique entre le terme travail et le nom d'un instrument de torture. Au contraire, on peut déployer l'idée d'une association entre travailler et "viser un but, nécessitant de surmonter des résistances", non pas comme un nouveau talisman prenant la place du *tripalium*, mais comme fil conducteur de l'histoire des métiers et des activités humaines. Les perspectives idéologiques sont tout autres, et bien plus radieuses que le discours stigmatisant auquel nous avons été habitués. »

Marie-Hélène Delport, « Trabajo-trabajar (se) : étude lexico-syntaxique » dans *Cahiers de linguistique hispanique médiévale*, n° 9, 1984.

Arthur Lochmann, *La Vie solide. La charpente comme éthique du faire*, Payot, 2019.

Pierre Guiraud, *Dictionnaire des étymologies obscures*, Bibliothèque scientifique, Payot, 2006.

Alain Rey (dir.), *Dictionnaire historique de la langue française*, Éditions Le Robert, 1992.

3

Labor

Le travail comme élan vital

« L'homme a ses bielles, ses charrues. Et puis sa main pour les travaux d'approche. Pelle et pince, crochet, pagaie. Tenaille charnue, étau.

Quand l'une fait l'étau, l'autre fait la tenaille.

C'est aussi cette chienne à tout propos se couchant sur le dos pour nous montrer son ventre : paume offerte, la main tendue.

Servant à prendre ou à donner, la main à donner ou à prendre.

À la fois marionnette et cheval de labour. Ah ! C'est aussi l'hirondelle de ce cheval de labour. »

Francis Ponge.

Travail et labeur : dix siècles de compétition

Les mots cohabitent mais il est rare qu'ils le fassent en toute amitié. La concurrence est rude, l'un cherche toujours à prendre l'ascendant sur l'autre. Comme dans la grande entreprise du monde actuel, certains prennent plaisir à la compétition qui peut aller jusqu'à écraser les autres. Les Américains ont une expression très parlante : *the rat race*, la « course des rats » où tout est permis et où ne peut exister qu'un seul vainqueur.

La course des mots peut durer des années : « travailler » a mis presque plus de dix siècles à s'imposer. Il ne devient usuel qu'au xve siècle, ce qui peut nous paraître fou, tant nous l'employons aujourd'hui. Quel mot tenait la place entre le moment où nous quittions le monde romain, où nous passions à l'ère chrétienne, et la fin du Moyen Âge ? Pour participer à la course dès que le français s'impose (vers 950), de nombreux candidats se présentent sur la ligne de départ : opérer, œuvrer, usiner, boulotter, machiner, ouvrager… Sans compter les termes spécialisés par corps de métier : briquer (faire des briques), draguer (prendre des poissons), reluire (mettre un meuble en lumière)… Ou des termes génériques comme peiner, fatiguer, harceler, synonyme à l'époque de harasser : épuiser.

Dans le même périmètre sémantique, toutes sortes de compétitions ont eu lieu, des matches à deux ou à trois, notamment pour désigner les lieux où l'on travaille : l'usine ou la fabrique ? l'atelier ou le bureau ? De simples poules parfois, des quarts-de-finale passionnants, des tournois qui restent dans les mémoires, ou des rencontres toujours en cours dans lesquelles on peine à départager les concurrents : qui de « boulot « (qui fleure bon le franco-français) ou de « job » (à l'accent américain) l'emportera ?… Mais la compétition reine est sans aucun doute celle qui opposa si longtemps travail et labeur.

« Labeur » est en effet le mot naturel. Arrivé en droite ligne du latin *labor*: « travail », en général, et tout particulièrement dans le monde agricole. De là, notre « labourer » qui avait au départ des acceptions très larges. On pouvait dire que le tonnelier *labourait ses tonneaux de vins* lorsqu'il les faisait rouler vers les caves de ses acheteurs. Il n'était pas rare que les *bateaux labourent les vagues* comme l'écrivait encore Chateaubriand en 1802, dans son roman *René*.

Depuis quand n'avons-nous plus employé le terme « labeur »? Déjà dans le Littré, il est noté comme courant chez La Fontaine, très vivant chez Flaubert qui déclarait en bon travailleur du texte: « On n'arrive au style qu'avec un labeur atroce, une opiniâtreté fanatique et dévouée »... Alors qu'aujourd'hui il est désuet et négatif, et que nous n'employons plus que l'adjectif « laborieux ».

« Dis donc, toute une journée pour réviser ton contrôle de SVT? Ça a été laborieux...

— Oui, mais j'ai vu sur Tik-Tok qu'il fallait prendre soin de ma santé mentale et faire des pauses... »

Le grand retour du *labor* par le *lab*

Le travail des champs a retrouvé de l'intérêt et de la séduction depuis le passage à l'an 2000 et la prise de conscience écologique. « Il faut cultiver notre jardin » a cessé d'être une petite morale scolaire que l'on rangeait sans y prêter attention à côté de « Mignonne allons voir si la rose », pour devenir un puissant impératif idéologique. Ne pas travailler son potager a paru suspect et le moindre pot de fleurs devenu champ de tomates-cerises sur un rebord de fenêtre parisien (ou bordelais ou lillois...) s'est avéré le signe d'une saine modernité.

Évidemment, les mois de confinement dus à la pandémie du Covid-19 (nulle raison de féminiser cet horrible virus qui frappe sans aucune distinction de genre) ont changé la donne. Aux fenêtres se voyaient, en place des plantations fleuries, de pauvres visages d'enfants et d'adultes redevenus enfants devant la menace, prisonniers chez eux, privés de l'air libre, de l'eau vive, de la terre généreuse et du bon vent dont, animaux vivants comme les autres, ils ont besoin pour vivre.

Travailler la terre, labourer a dessiné dès lors l'avenir rêvé le plus désirable qui soit. L'Homme, surtout le citadin, a perçu dans sa chair qu'il était interdépendant des autres règnes, selon le concept de l'anthropologue Philippe Descola, diffusé dans les hautes sphères intellectuelles depuis plus de vingt ans. Son livre fondateur *Par-delà nature et culture* avait clairement posé le cadre, mais c'est l'épidémie qui a rendu les choses concrètes. Nous savions vaguement ce que c'était d'avoir cessé d'être un paysan respectueux de son cadre de vie, que l'Homme était devenu anthropocène, productiviste et assassin de lui-même. Quand le Covid-19 a atteint son pic de dangerosité, ceux qui nourrissaient ont été consacrés « travailleurs essentiels », « héros du quotidien » à l'instar des soignants hospitaliers. La campagne et la ville ont fusionné dans une même indispensabilité. Le laboureur a été promu au rang de docteur.

Toute une école de pensée, incarnée par de jeunes chercheurs qui n'hésitent plus désormais à mettre leur propre corps en jeu en redevenant chasseurs-cueilleurs, illustre aujourd'hui l'alliance indispensable entre travail et nature. J'adhère bien sûr à cette vision biomimétique mais je dois avouer que parfois, devant la fascination générale pour les chamanes des confins, les sorciers d'Amazonie, les yogis ayurvédiques, j'ai envie de pousser un cocorico européocentré. Après tout, les agriculteurs étrusques et latins vivaient eux aussi au cœur d'une analogie fondamentale avec les grands éléments. Comme dans les forêts-jardins pleines d'esprits et de substances hallucinogènes d'Afrique ou du Brésil, l'homme romain – d'où nous venons – se tenait au centre d'une harmonie parfaite entre l'humain et le végétal, l'animal et même le minéral (pensons à cette pauvre Écho transformée en pierre pour avoir sauté sur Narcisse sans son consentement).

Dans cette Antiquité-source, un individu lambda, en miroir avec la lune, pouvait s'atteler au *labor*, plus exactement aux *labores*, aux « grands travaux »: à lui de se conformer aux *labores lunae* pour labourer, semer, planter, labourer. Les cycles lunaires marquaient aux yeux de tous la progression des saisons, le tempo, les actes paysans qui s'organisaient sur ce rythme.

Autre analogie valorisante, l'expression quotidienne *multo labore* – « j'ai bien bossé aujourd'hui » – s'employait aussi bien pour l'homme sans qualité particulière que pour les grands héros : *Labores Herculis*, les douze travaux d'Hercule, exploits légendaires.

À cet instant, dans l'atelier du Tripalium, le jeune Clovis fait voir ses biceps travaillés à la salle de sport, déclenchant les applaudissements de ses collègues. J'en profite pour passer à la diapositive suivante où peut se lire cette citation qu'ils pensent tous tirée d'un manifeste de l'écologie régénérative alors qu'elle est la première phrase des *Géorgiques* de Virgile : « Dire sous quel signe il faut tourner et retourner vigoureusement la terre, comment marier la vigne de la manière qui convient, avec quel care (*cura*) il faut soigner les troupeaux, et l'abeille si sage en matière de gestion des ressources... Oui, c'est comme cela que je veux commencer mon chant. »

Le travail au centre de la condition humaine

Le grand livre sur le travail a été écrit bien plus tard : au milieu du XXe siècle. Il s'agit de *Condition de l'homme moderne* de Hannah Arendt, paru aux États-Unis en 1958. Tout en lançant une alerte sur le fait que travailler peut aussi signifier régresser, redevenir une bête de somme, oublier la condition humaine, la géniale philosophe y défend le travail comme colonne vertébrale de la *vita activa*, vraie vie active, notion qu'elle reprend aux Anciens.

Elle construit – pour la première fois dans l'histoire de la pensée – une hiérarchie essentielle entre le travail civilisant et le travail instrumentalisant et régressif. Son échelle est claire : *Labor, Work, Action.*

Le livre – et la trilogie – sont donnés en anglais, car la célèbre élève de Heidegger a dû s'exiler à New York durant la Seconde Guerre mondiale. On voit ainsi qu'elle a placé tout en haut l'*Action* : la contribution au monde de chacun quand il travaille, comme on dit aujourd'hui, niveau le plus noble de la « vie active ». Au niveau deux, le *Work*, travail qui allie le faire et le penser – j'y consacrerai mon prochain chapitre car cette alliance est cruciale. Et c'est à la source, sur le socle de l'échelle active, que se situe le *Labor*.

Hannah Arendt garde la forme latine du mot, qui se trouve aussi être celle de l'anglais. Cela change la perspective pour nous, lecteurs français, car notre langue n'a pas choisi cette évolution – comme l'a fait l'italien : *lavoro*. Elle a préféré faire évoluer le mot selon deux voies phonétiques : l'une positive (labourer, laboratoire…) et l'autre négative (labeur, laborieux…).

En fait, toutes ces langues ont en commun la même et très ancienne arrière-arrière-arrière-grand-mère : RIEG. Il s'agit là d'une racine dite indo-européenne, notion mise au point par des linguistes des années 1930 puis 1960. Leur idée était de remonter par des recherches sur les sons le cours de l'anglais, du français, de l'allemand, de l'espagnol, etc. ainsi – plus en profondeur – que du grec, du latin et du sanskrit pour déterminer des formes premières communes. Ces sortes de cellules-souches du langage prennent la forme de syllabes et disent toujours un geste fondamental : se dresser, s'enrouler, se tourner, couper, diviser, souffler, parler… Restons un instant sur ce dernier terme : « parler » se dit *fari* en latin qui en grec réfère à souffler, gonfler sa bouche pour émettre des sons. La racine indo-européenne est PHE. Entre F, B, P, le son varie et peut prendre toutes sortes de formes qui paraissent très différentes. Par exemple *to bright*, briller en anglais, vient aussi de PHE, marquant un lien qui a toujours été imaginé entre la lumière et la parole. On dit encore d'un bon orateur qu'il est brillant. Concernant labeur, la racine indo-européenne est RIEG qui devient *lieg* si on roule le R dans certaines régions, puis s'ouvre et devient *lag*, *lab*…

RIEG est décrite par les dictionnaires spécialisés comme recouvrant le mouvement qu'a le corps lorsqu'il s'élance vers un objet : bel élan instinctif, de type animal. En anglais, RIEG donnera *to reach*, chercher à atteindre quelque chose.

À propos de ce geste instinctif vers un objet, un élève d'Hannah Arendt, le sociologue américain Richard Sennett, ira d'ailleurs jusqu'à dire que ce mouvement est si naturel qu'il fonde le tout premier *job* de notre vie. Le bébé l'exécute dès sa naissance. Il sent, il sait que, sans son adhésion à l'effort qui lui est demandé de téter, il ne survivra pas. Première collaboration essentielle.

Pour Hannah Arendt, ce mouvement primal *est sans fin (endless) car venant automatiquement de la vie elle-même sans forcément de but décidé.* Il s'agit d'un instinct, comme le désir, comme le *conatus* de Spinoza.

C'est l'effort positif pour sortir de soi et aller vers le monde, les objets, les autres.

Aristote avait parlé de *bion politikon*, disant que l'Homme est d'instinct un *animal* politique, nécessairement social, forcément intéressé à l'organisation de son environnement, de la cité qu'il habite. Reprenant la formule de son maître et la détournant, Hannah définit l'Homme comme un *animal laborans*. Il ne peut s'empêcher de travailler car il lui faut se nourrir pour survivre.

Le labour sans le labourage

Ce travail de base est indissociable de la nature. Il s'effectue selon ses cycles et en fonction de ce qu'elle donne. Il faut les penser ensemble. Il y a le *labor*, avant tout outil de labourage. C'est un premier glissement vers la terre : certains linguistes associent *labor* et *lapsus*, le fait de glisser, de tomber. Il y a glisse quand on travaille ainsi, car l'effort semble facile, en harmonie avec la nature. On surfe sur la terre comme lorsqu'on surfe sur l'eau. Le corps, les jambes, le dos, les mains s'élancent pour chasser, pour cueillir… Arendt appuie sur la concomitance des mouvements : le soleil, la lune, le vent agissent et les humains le font à leur suite et en les comprenant de mieux en mieux au fil de leur évolution. Il est clair que, quand la société humaine se sédentarise et devient agricole, peu à peu les hommes apprennent des gestes de plus en plus élaborés pour produire du blé, du vin, de l'huile. En devenant laboureurs, ils organisent de mieux en mieux ce collaboratif avec la nature : « Le caractère commun au processus biologique dans l'homme et au processus de croissance et de déclin dans le monde, c'est qu'ils font partie du mouvement cyclique de la nature et par conséquent se répètent indéfiniment. »

C'est là que le risque régressif existe pour Arendt. La langue en témoigne : nous pouvons être amenés à travailler *comme des bêtes*, à n'être plus que *des bêtes de somme*.

Aujourd'hui, notre redécouverte de la nature nous le fait un peu oublier, mais cette origine du travail doit amener à opérer un véritable tri sémantique. À rejeter du *labor* une toujours menaçante déshumanisation. À ne garder que l'élan vers les forces du vivant. Remarquons à ce propos que l'agriculture la plus récente apprend à travailler la terre sans la labourer.

Ce qui permet au passage, dans l'ordre du langage, de retrouver la plus ancienne – et la plus belle – de nos métaphores : la création du monde par un premier coït d'un principe décrit dans les légendes et les mythes comme féminin, un champ, une zone humide labourée et ensemencée par une pluie décrite comme séminale, masculine. Présente dans la toute première épopée occidentale, celle de *Gilgamesh*, cette idée aussi magique que poétique se recolorise aujourd'hui par la permaculture, le biomimétisme, l'agriculture régénérative.

Hannah Arendt utilise elle-même la métaphore. Non pas dans son essai sur le travail mais dans un de ses magnifiques poèmes – moins connus, c'est bien dommage (*Heureux celui qui n'a pas de patrie*). Écoutons-la lorsqu'elle communie avec les champs et admirons comment elle sait être non seulement un penseur mais aussi une femme de chair.

Les pensées viennent à moi,
Je ne leur suis plus étrangère.
Je m'ajoute à elles, en demeure
Comme un champ labouré (*wie ein gepflügtes Feld*).

En hébreu, c'est également la racine antédiluvienne RIEG qui donne le verbe *rabhah*, très souvent utilisé dans la Bible pour désigner les tâches données par Dieu à l'humanité : cultiver la terre du pays de Canaan et aussi faire l'amour pour peupler la Terre – deux faces d'un même « labourage ».

Nous irons bientôt voir cela de plus près. Pour l'instant, à ce stade de notre voyage au pays du mot « travail », contentons-nous de mettre dans notre sac de marin cette information fondamentale : le travail est né avec l'Humanité, il est en grande partie inné. Toute souffrance liée à lui est donc un dévoiement coupable de cet instinct. C'est vers ce retour aux sources que l'on doit tendre et il s'agit de bien autre chose que « retrouver le goût du travail, comme le goût de l'effort » – démarche moralisatrice. Encore moins de « défendre la valeur travail » – démarche utilitariste et économiste.

Il faut bien plutôt reprendre à notre compte, et à notre époque, le tout début de notre monde. Au commencement n'était pas la souffrance, mais l'élan vital.

L'élan travailleur vital.

RÉFÉRENCES

Virgile, *Les Géorgiques,* traduction et notes Maurice Rat, Garnier-Flammarion, 2011.

Hannah Arendt, *Condition de l'homme moderne*, Biblio-essais, Le livre de poche, traduit dse l'anglais par Georges Fradier, 1961 ; réédition 2018 ; édition originale : *The Human Condition*, The University of Chicago, 1958.

Hannah Arendt, *Heureux celui qui n'a pas de patrie, Poèmes de pensée*, Payot, 2015, traduction François Mathieu.

4

Work

Le travail comme fabrication

« *A working class hero is something to be.* »
John Lennon.

Les Anglo-Saxons ont la chance d'avoir deux mots pour dire travail

En anglais, « travail » peut se dire *labor*, en ligne directe avec le latin, et aussi *work*. De même en allemand, qui a *werk* et *arbeit*. En apparence, *arbeit* ne ressemble pas à *labor*, pourtant il remonte aussi à la proto-racine REIG. En revanche, *work* et *werk* se ressemblent furieusement parce qu'ils viennent de la même souche indo-européenne : WREG.

À travers ces deux racines, deux gestes fondamentaux sont en jeu. Autant REIG illustre le mouvement du corps vers la terre, glissant vers elle pour la travailler, autant WREG indique un mouvement latéral qui marque déjà une torsion et donc une transformation. Le corps se tourne et fait tourner quelque chose. Emblématiquement : le potier quand il place de la glaise sur son tour. Au bout d'un moment, un vase est formé. De la matière première a été transformée en objet.

Cette torsion, nous l'avons en français. Ou plutôt nous l'avions. La racine indo-européenne WERG a frappé à notre porte. Ayant d'abord donné *vertere* en latin, elle nous a ensuite permis de créer le verbe « verser » qui incarne bien le mouvement de rotation du corps dont est porteuse la racine. Ce verbe a connu son heure de gloire, sa dimension épique, quand on disait par exemple, au temps des *Trois Mousquetaires*, que le carrosse de Milady avait « versé » dans un fossé. Tout un travail à accomplir pour le « reverser » : le redresser, le refaire partir. Tourner et retourner, un peu de l'atelier du potier ou du serrurier se répandait ainsi vers tous les métiers nobles : guerre, chasse, navigation. La « conversion » procède de la même idée quand les spécialistes nous avertissent aujourd'hui : il faudra *con-vertir* des chauffages au gaz en pompes à chaleur électriques.

Mais notre langue n'a pas développé pleinement la notion. Aucun verbe ne correspond à *to work*. « Verser » a rétréci son champ d'action : verse-moi un verre d'eau... Et significativement, nous qui américanisons tant de nos termes, nous ne disons pas aujourd'hui : je worke, tu workes... Nous nous arrêtons au *coworking* (qui fait du surplace désormais au temps du télétravail)...

Un *work* à la française n'a persisté que dans le vocabulaire de la marine. Quand je déroule mon raisonnement lors de l'atelier du Tripalium, je suis ravie de faire apparaître la diapo d'une belle voile gonflée par le vent qui se détache sur un magnifique ciel. C'est une « vergue ».

Ne connaissant rien à l'art nautique, j'ai parlé un peu trop vite. Thomas, le DG, qui affichait son indifférence à mon propos trop *intello*, lève les yeux de son écran où, officiellement, il « vérifiait les chiffres de ventes de la zone Europe » et m'interrompt avec autorité. « Ah non, autant je suis ignare sur l'étymologie, autant là, je vous le dis, vous faites erreur, c'est pas ça une vergue. Avant d'être HEC, je suis marin breton, c'est d'ailleurs comme ça que je dirige ma *crew,* mon équipage... Sachez que la vergue, c'est la pièce très solide sur laquelle est attaché le spi, une pièce de bois... »

Merci Thomas ! En me taclant, vous apportez de l'eau à mon moulin... Le français n'a pas de verbe correspondant à cet objet. On ne dit pas « verguer ». C'est bien dommage car se développeraient avec ce verbe des images ambitieuses et aventureuses, des voyages, des découvertes...

« Et "envergure", ça vient de là ?

— Oui, Artémis, ça vient de là. Avoir de l'envergure, c'est avoir beaucoup "vergué", travaillé fort et donc pouvoir s'imposer... »

Dans notre langue, travail a donc non seulement éliminé *labor*, mais également commis un deuxième crime : empêcher l'avènement d'un verbe qui serait l'équivalent de « *worker* ». On tient là une vraie différence avec la culture américaine ou allemande.

Il est amusant à ce propos de comparer les récits des découvertes majeures sur les ARN messagers réalisées respectivement par la Française Emmanuelle Charpentier et l'Américano-Hongroise Katalin Karikó. Quand cette dernière comprend en 1993 qu'elle a mis le doigt sur une découverte essentielle, elle est aux États-Unis où elle a émigré pour mener à bien ses recherches alors que son pays d'origine ne le lui permettait pas.

Paru lors de la mise sur le marché du vaccin anti-Covid, qui est l'application parfaite de ses travaux, un article du *Washington Post* raconte sa longue épopée. À plusieurs reprises, le verbe *to turn* est utilisé, travailler en tournant, en faisant tourner un outil sur une matière, métaphore bien dans l'esprit de la racine WREG.

Comme le potier sur son tour, la chercheuse doit « tourner » cette découverte sept fois dans sa bouche avant de la proposer. Elle va la « verser » ensuite au domaine public des connaissances universitaires libres. Cela va lui prendre des années, des décennies (*decades-long-quest*) pour passer de la biologie basique aux applications médicales (*to turn basic biology into medicine*). C'est un long voyage, c'est une odyssée, il lui en faut de l'envergure mentale pour ne pas se décourager. Son secret? Le *hard work*. C'est lui qui a fini par payer: « *Kariko simply worked harder – arriving at the lab at 6 a.m. on weekdays and working nearly every week-end.* » La plus tôt au labo chaque jour de la semaine et travaillant presque chaque week-end.

Fille d'un artisan boucher, la chercheuse américano-hongroise raconte qu'elle aimait, enfant, découper la viande comme son père le lui avait montré, qu'elle y lisait la vibrance de la vie, et que dans sa carrière elle a répété ce mouvement, remettant sans cesse, chaque jour, sans fin, sans laurier, sans reconnaissance de ses pairs, l'ouvrage sur le métier.

Par contraste, il est instructif de regarder comment les médias français ont commenté le prix Nobel de médecine reçu par la biologiste Emmanuelle Charpentier pour son idée révolutionnaire de couper les ARN, une révolution dans la biologie génétique, riche de nombreuses applications sur la santé, et donc porteuse de grands espoirs.

Sans jamais souligner le travail, les journalistes français ont soit célébré *l'excellence de la formation « à la française »*; soit mis l'accent sur les « dons » de la scientifique. Un de ses professeurs encore ému a témoigné: la jeune Emmanuelle avait dès le collège un regard inspiré qui la faisait sortir du lot. Ses ARN messagers que pourtant elle découpait dans son labo n'ont pas été mis sur la paillasse. Aucun *hard work* matinal n'a été évoqué. La scientifique a été placée par les médias – qui jusque-là l'avaient ignorée – dans la galerie des grands génies à la française, à l'égal d'une pianiste ou d'une danseuse. On l'a fait marcher dans les pas de Marie Curie comme si la chercheuse française contemporaine avait été touchée par la grâce de sa brillante ancêtre. Comme si elle prenait place dans la « grande galerie des femmes illustres », et, pourquoi pas? faisait avancer la cause des femmes: une Simone de Beauvoir en blouse blanche. Comme si elle n'avait pas âprement travaillé. Tout cela sans même penser à lui demander si c'était la raison pour laquelle désormais elle vivait à Berlin, avait décidé de mener son important *werk* à l'Institut Max-Plank et non au CNRS...

... mais elle a inventé l'*Homo faber*, l'homme fabriquant et pensant

À l'examen de cette spécificité culturelle, on comprend que les trois stades du travail établis par Hannah Arendt aient été, jusqu'à une édition récente de *Condition de l'homme moderne*, traduits en français par: Travail, Œuvre, Action, alors qu'en anglais on lit: *Labor, Work, Action*. Passer de « *work* » à « œuvre » dit parfaitement notre difficulté à envisager le travail sans une dimension créative, voire artistique.

Or, ce que Harendt a voulu dire avec le *work*, c'est que l'être humain, qu'il soit artisan ou artiste, se détache, en accédant à ce deuxième niveau du travail, des autres vivants. Il n'est plus un animal, il dépasse sa condition naturelle. Il a déjà un pied dans la culture.

Pour expliquer cela, la philosophe utilise un concept évolutionniste. Comme d'autres ont parlé d'*Homo sapiens*, elle parle *d'Homo faber*. Ce n'est pas elle qui a inventé la formule, elle l'emprunte au philosophe français Henri Bergson, qui l'a lui-même piquée au monde romain, et ciselée au tout début du XXe siècle.

Bergson a des accents darwiniens quand il explique : « Si nous pouvions nous dépouiller de tout orgueil, si, pour définir notre espèce, nous nous en tenions strictement à ce que l'histoire et la préhistoire nous présentent comme la caractéristique constante de l'homme et de l'intelligence, nous ne dirions peut-être pas *Homo sapiens*, mais *Homo faber*. » Au tout début du XXe siècle, c'est-à-dire avant les deux guerres mondiales, le philosophe défendait ainsi l'« évolution créatrice » de l'humanité et voyait comme une intelligence proprement humaine la « possibilité de fabriquer les objets artificiels, en particulier des outils à faire des outils, et d'en varier indéfiniment la fabrication ».

Hannah Arendt pousse l'idée. L'*Homo faber* est très évolué. *Faber* vient de *facere :* « faire » en latin. Dans le monde romain, ce qualificatif – celui qui fait – s'appliquait tout particulièrement aux ouvriers travaillant les matières dures, le bois ou la pierre.

Déjà les travailleurs préhistoriques qui ont inventé le premier marteau ou la première pioche ont mis leur intelligence en jeu au-delà du simple instinct de survie. Attacher une pierre sur un morceau de bois pour en faire un objet frappant et contondant… Il fallait y penser ! La main qui exécute un tel prodige possède non seulement de la force, mais de l'intelligence. L'*Homo faber* ne travaille pas comme un animal mais comme un ingénieux humain. Il est déjà, quelle que soit son époque, *very smart*…

Cela lui donne une énorme responsabilité. Parce qu'elle pense le travail de cet Homme ingénieux après que deux grands totalitarismes (qu'elle a par ailleurs magistralement analysés) ont orchestré l'industrie de la mort, Arendt sait que ce travail peut être criminel. Son ingéniosité peut conduire l'Homme au crime contre l'humanité.

Aujourd'hui, les travailleurs français qui utilisent l'anglais comme langue de travail ont l'inconvénient de devoir utiliser cette novlangue (*newspeak* dit Orwell dans *1984*) mais la chance de reprendre le « verser » du français de la Renaissance. Ils peuvent hybrider le *work,* en garder l'optimisme américain à propos des innovations et des techniques, tout en le nuançant en tant qu'Européens arendtiens. L'un des pères fondateurs des États-Unis, Benjamin Franklin, dont le premier métier était la serrurerie, et qui avait défini l'Homme comme un *tool-maker*, ne s'est pas demandé à quoi les outils de cet individu – marteau, machine, robot, bombe atomique, intelligence artificielle – pouvaient servir.

À l'inverse, l*a Condition de l'homme moderne* affirmait en 1958 : « Seul avec son image du futur produit, l'*Homo faber* est libre de produire, et de même, confronté seul à l'œuvre (*work*) de ses mains, il est libre de détruire. » Nous devons garder la remarque en tête.

Plus encore que dans les années cinquante, l'homme sachant se doter d'outils, de machines, et aujourd'hui de machines si puissantes qu'elles peuvent dépasser sa propre capacité mentale, notamment sa capacité à calculer, a plus que jamais une responsabilité vis-à-vis de cette puissance. C'est la différence fondamentale avec l'animal qui lui ne pense pas ses tâches, ne les accomplit que par nécessité de survie.

Hannah Arendt écrira quelques années plus tard son livre sur le procès du dirigeant nazi Eichmann dans lequel elle crée le concept de banalité du mal – plutôt de normalité (*normality of Evil*) –, l'aptitude humaine à exécuter des travaux sans les réfléchir et donc sans en voir l'éventuelle application criminelle. On vous demande d'organiser l'emploi du temps des trains, la précision parfaite des horaires et des taux de remplissage, et vous obéissez sans vous interroger plus avant. Vous ne savez pas qui transportent ces trains ni où ils vont... Là commence le crime contre l'humanité.

Il est clair que penser ensemble les conséquences des progrès techniques, bénéfiques ou maléfiques, est nécessaire encore plus aujourd'hui qu'hier. L'épisode de la pandémie Covid nous l'a tragiquement rappelé au début de l'année 2020, la conscience écologique nous l'avait depuis longtemps mis sous les yeux : l'Homme peut se retrouver piégé et fabriquer sa propre mort, travailler à sa propre disparition.

Conscients de ces enjeux qui dessinent l'avenir, des jeunes diplômés refusent d'utiliser leurs compétences, leurs outils pour fabriquer des objets polluants et perpétuer des industries non renouvelables. Les progrès technologiques, immenses, qui accompagnent ce deuxième quart de vingt-et-unième siècle et nous propulsent dans une révolution techno-scientifique dont nous sommes loin de connaître tous les effets ne peuvent que leur donner raison.

Le travail non pensé, coupé de tout sens était déjà à l'œuvre avec la taylorisation du *work* à la fin du XIXe siècle, manière dite « scientifique » qu'a eue la première industrie américaine à saucissonner les actes de production. Chacun se souvient de Charlie Chaplin alertant dès 1936 sur cette aptitude des *temps modernes* à couper l'Homme de ses finalités, autrement dit de sa morale. À le réduire en pantomime mécanique vissant des boulons ou nourri par des machines, minoré, humilié, à l'opposé de l'homme héroïsé en Hercule accomplissant ses nobles travaux. Marx nous avait avertis : si le geste humain est codifié au point d'être reproductible à l'infini et sur des cadences qui ne respectent aucune chronobiologie, le travailleur lui-même sera réduit au statut de machine-outil. Le marxisme qui s'est fourvoyé de bien des façons reste pertinent sur ce point. Dans ce droit fil, Arendt nous met en garde sur le fait que l'*Homo faber* court toujours le danger d'être instrumentalisé lui-même, d'être instrumentalisé par les instruments qu'il a créés.

Sur ces sujets, pour clore ce chapitre sur l'*homo worker*, écoutons le psychanalyste Gérard Haddad, ex-ingénieur agronome, expliquer l'origine de la souffrance au travail : quand le travailleur a été empêché d'être un vrai *faber* dans le bon sens de ce terme. Quand une personne aura été coupée dans sa tâche et n'en aura vu ni l'utilité ni l'entièreté. Quand elle n'aura pas pu prendre en main, réellement ou symboliquement, l'objet fini auquel elle a contribué : un pain, un meuble, un projet abstrait, peu importe. « La jouissance au travail qui compense la pénibilité de l'effort, l'Homme la retire du versant faber de son être. Or, le travail moderne l'escamote progressivement. D'où l'apparition de la souffrance au travail à partir d'un certain degré de déclin du faber. »

Cette jouissance, anthropologique, ce *versant faber* de notre être, existe depuis la nuit des temps. Pourtant, dans le contexte actuel, elle tient trop peu de place quand le travail est devenu trop global ou trop digital, ou trop coupé des valeurs positives que se donne par ailleurs le corps social.

J'ai encore sur ma table de travail le rabot de mon grand-père ébéniste, héritage modeste et précieux, grâce auquel il avait fabriqué comme pour chacun de ses six enfants une boîte de bois destinée à l'accompagner dans la vie, comme un sac de marin. Mon père m'a confié la sienne quand j'ai quitté la maison et m'a rappelé, le jour de sa naissance, de la transmettre à mon tour à mon fils – « *qui n'est pas prénommé par hasard Manuel, j'imagine…* »

La responsabilité de notre intelligence humaine se transmet de la main à la main. C'est en elle que se tient l'envergure, la véritable vergue, de l'*Homo faber*, de chacun de nous, dès qu'il fabrique quelque chose.

Un aspect du travail à réveiller et à révéler aujourd'hui, même si les mots nous manquent pour le faire.

RÉFÉRENCES

Henri Bergson, *L'Évolution créatrice*, 1907, PUF, coll. « Quadrige », 2007 (édition critique).

Hannah Arendt, Condition de l'homme moderne, Biblio essais, Le livre de poche, 2018, p. 254.

James Suzman, *Travailler. La grande affaire de l'humanité*, Flammarion, 2021 ; titre original : *Work. A history of what we spend our time*, 2020.

Gérard Haddad, *Tripalium. Pourquoi le travail est devenu une souffrance*, François Bourin Éditeur, 2013.

5

Ergon

Le travail comme énergie

> « La première jalousie (zelos), en y pensant tu la trouverais belle [...].
> Elle est bienfait pour les hommes.
> Zélée, elle pousse au travail même celui qui n'a pas de main.
> Chacun regarde son prochain et l'envie lui prend de travailler,
> Si l'autre est riche et se dépêche de labourer, de planter, d'arranger sa maison.
> Le voisin envie son voisin, qui court vers la richesse ; c'est là pour les gens bonne jalousie, bon zèlè, bonne imitation... »
>
> Hésiode.

Le plaisir d'imiter les dieux

La racine proto-historique WREG ne produit pas uniquement *work*. Avant ce mot anglais, elle est à l'origine d'un terme fondamental dans le monde grec : *ergon*, c'est-à-dire acte, geste, faire, travail, exploit.

Nous n'avons gardé qu'une toute petite dimension de ce mot dont nous faisons un préfixe comme dans « ergonomie »: disposition d'un bureau ou d'une pièce pour qu'elle soit favorable au travail. Ou « ergothérapie »: rééducation par le travail.

La notion mérite mieux!

Allons la cueillir sur son terreau d'origine pour en voir toute la richesse.

Elle n'a certes pas donné un « ergonner », qui nous serait bien utile en français, mais c'est bien d'elle que dérive le concept grec d'*energeia*: énergie. Un concept crucial pour notre temps. À notre propre échelle: avoir plus ou moins d'énergie en se levant le matin. Et à l'échelle globale: aller vers un bon mix énergétique pour la planète.

Reprenons donc l'*ergon* dans un texte composé à la même époque que l'*Iliade*, c'est-à-dire entre la fin du VIIIe siècle avant Jésus-Christ et au début du VIIe. Bien que beaucoup moins connu, il va nous aider à renouveler notre regard sur le travail. Son titre est éloquent: *Les Travaux et les Jours.* L'auteur de cette œuvre récitée, de ce chant, est le poète Hésiode

Le terme « travail » ne devenant usuel en français qu'au XVe siècle, la version originale nous intéresse. En grec, le titre est: « Des *erga* et des heures ». *Erga*, pluriel d'*ergon*, désignant des gestes: tout un ensemble de pratiques et de savoir-faire.

Moins qu'Homère, qui a pris toute la lumière avec ses aventures guerrières puis la belle épopée d'Ulysse, Hésiode est tout de même passé à la postérité pour un autre récit, plus séduisant, qui retrace l'origine du monde et des dieux : l*a Théogonie*. Que raconte sa deuxième grande œuvre largement méconnue, *Les Travaux et les Jours* ? Qu'est ce traité de vie à la campagne souvent à la limite du tuto de jardinage ? Veut-il nous faire penser qu'un lien est tissé entre la théogonie, la cosmogonie, les très grandes créations d'une part et celles, toutes petites, toutes quotidiennes, qui ont lieu, non pas une fois dans un grand big bang, mais mille, dix mille fois, cent mille fois, modestement, revenant chaque année, à chaque saison, à chaque floraison ?

Nous pouvons en tout cas en faire l'hypothèse car ce chant était destiné au frère du poète qui avait hérité du domaine agricole familial et n'avait pas l'air de trop savoir s'y prendre. Il lui fallait un guide, ce qu'on appellerait aujourd'hui une *to-do list* : labourer, semer, planter, moissonner, élever, cueillir, distiller... Et selon la bonne chronologie : un agenda, littéralement « ce qui doit être agi » au bon moment. Dans le monde grec, l'important est que tout cela se fasse en parfaite conformité avec l'Olympe, à son ombre, sa protectrice voûte, ce qui s'incline, littéralement ce qui *klinein* : son « climat ».

Dans ce contexte, et pour cette raison harmonique, le rapport au travail est avant tout énergétique. Sur ces terres de Béotie, entre Athènes et Thessalonique, et à cette époque reculée, un phénomène physique étonnant a lieu : une véritable propagation de gestes. Les *erga* s'enchaînent comme par magie sous l'effet de la puissance des dieux. Pour nos ancêtres les Grecs, c'est cela travailler : sentir passer dans son corps une libido travailleuse et contagieuse. Elle incline chacun à se pencher avec entrain, en rythme avec les autres, vers la terre, à envoyer ses filets dans la mer, à frapper la pierre pour y sculpter une forme, à passer un morceau de métal dans sa forge pour en faire sortir un outil…

Dans ce monde, le travail s'attrape comme une maladie heureuse grâce à la « jalousie », en fait déformation du mot « zèle », puissant conducteur de dynamique. Il s'agit d'une énergie qui échauffe les esprits et les muscles, donne envie d'imiter, de reproduire toutes sortes de bonnes pratiques, d'apporter autant de soin à une tâche que l'on a vu une autre personne en apporter…

Une telle vision ne signifie en rien que le travail soit facile et paradisiaque. Non, un deuxième mot était très présent également à l'époque : *poenos*, la peine, d'où vient notre « pénibilité » – si utilisé chez nous durant la crise de la réforme des retraites en 2023. De la peine, de la fatigue, du mal de dos, l'*ergon* pouvait bien sûr en susciter. Il gardait toutefois la valeur positive d'un flux circulant entre les dieux et les hommes ; entre les hommes *via* leurs tâches complémentaires.

L'historien Jean-Pierre Vernant va jusqu'à affirmer que, dans le monde grec, le travail en tant que tel n'existe pas. Pas de torture ! Ceux qui labourent, pêchent, fabriquent des outils, tissent, cuisent, etc. ont avant tout le sentiment de se laisser animer par la foudre de Zeus, d'être de bons forgerons sur le modèle d'Héphaïstos, de parfaites fleuristes comme Flore, des commerçants d'excellence avec Hermès, d'essentielles nourrices à l'instar de Déméter.

Pour ces travailleurs, les dieux ne sont pas autre chose que des *role models* auxquels s'identifier, des ressources énergétiques auxquelles se connecter par des prières, des hymnes de célébrations, des parfums à brûler. En veillant bien sûr à ne jamais dépasser la bonne dose. Être plus puissant qu'un dieu est le grand crime antique : la fameuse hybris, dont on reparle d'ailleurs aujourd'hui, il faut le remarquer.

Une morale fondamentale en est créée, qui n'est pas celle du respect de la valeur travail comme le serinent aujourd'hui nos hommes politiques, mais celle du plaisir d'imiter : plaisir essentiel et premier qui n'est jamais aussi puissant que chez le petit enfant. Faire comme un dieu. Ou une déesse. Pénélope est quelqu'un de bien car elle attend son époux en remettant chaque jour sur le métier son *ouvrage*, en ne comptant pas les jours, en ne se lamentant pas sur le temps très long que prend Ulysse, notamment quand il s'arrête plusieurs années chez la belle Circé. Pour cela, elle se laisse gouverner par Athéna, cheffe des tisserandes qui anime chaque jour ses doigts et lui montre comment passer un fil sur l'autre, entremêler ses gestes tout au long de sa journée, en la découpant en séquences. En faisant coïncider ses *erga* à ses heures.

Protégeons nos organes par une bonne organisation

Ce qui structure cette vision proprement ergonomique est la conviction que les hommes agissent à la condition que les dieux l'aient décidé. Ils leur ont mis entre les mains des outils et des *talents* – littéralement des pièces d'argent, un trésor à exploiter. Les hommes ne sont donc pas méritants tout de suite. Au départ, ils sont juste de très bons passe-plats pour l'énergie laborieuse.

Le texte d'Hésiode, qui devrait pour notre héritage culturel être enseigné à l'école tout autant que l'*Odyssée*, articule sans cesse le travail et le temps. Il donne l'agenda : Quand planter des graines ? Comment suivre le cycle de la lune ? Pourquoi savoir attendre la bonne saison ? Ne jamais forcer la nature, vivre à son rythme, selon les *labores lunae*... Les traités actuels de permaculture ou de biomimétisme ne disent pas autre chose. Ils rappellent au XXIe siècle cette sagesse ancestrale. Travailler c'est souvent savoir attendre.

Les lois de la temporalité sont gravées dans le marbre. Les permissions et les interdits sont incontournables. Quand je lis quelques extraits des *Travaux et les Jours* aux participants de l'atelier du Tripalium, Farès, le chef de produit « glaces et sorbets » qui a été invité pour réagir en « œil extérieur » sur le marché très différent du fromage frais, s'exclame : « Ma parole, on dirait des sourates ! » « Évite de verser pour Zeus après l'aurore du vin noir sans te laver les mains. Ne pisse pas debout le visage vers le soleil. Souviens-t'en dès qu'il est couché. Voici donc les jours tels que Zeus les a fixés, lui le grand, le sage. Le jour huit et le jour neuf sont sacrés et sont excellents pour les travaux (*erga*) humains. Le onze et le douze sont tout à fait favorables pour tondre les moutons ou pour cueillir de bons fruits. Lorsque le mois est dans sa croissance, méfie-toi du treize. Ne sème pas ce jour-là. Mais pour planter, il est très bon. Le neuf du début est un bon jour pour concevoir ou pour enfanter : un fils aussi bien qu'une fille... Voilà les jours qui sont bons pour ceux qui vivent sur la terre. Il est des journées marâtres. D'autres sont de vraies mères... »

Après avoir bien ri, Farès et son groupe de collègues découvrent en recouvrant leur sérieux qu'*ergon* est aussi la racine d'« organisation » !

Sur ce point, Florence Bénichoux, dont j'ai déjà parlé au début de cet ouvrage, très au fait des dysfonctionnements du monde du travail, est sévère. « Le non-respect des horaires, les chefs qui arrivent systématiquement en retard, qui donnent les consignes le vendredi à 18 heures alors qu'ils auraient pu le faire en début de semaine et imposent ainsi un week-end de travail, c'est ça qui rend les gens malades », me dit-elle ce jour de juin 2023, alors que nous buvons un verre en terrasse après notre journée de labeur. « Oui, c'est vrai, ce n'est pas une exagération journalistique, le travail tue. Le stress est un gros facteur pathogène. N'oublie jamais, toi qui aimes les mots, que « *stress* » vient de « détresse »...

Selon Florence, ces actes mal organisés, ces *erga* paradoxaux, constituent des fautes majeures, invisibles mais impliquées dans la très grande majorité des troubles psychologiques courants chez les salariés.

Évidemment les managers sont les premiers coupables, mais avec une circonstance très atténuante puisqu'ils n'ont jamais appris dans leurs grandes écoles que la première *tâche* de leur vie professionnelle sera d'organiser le travail des autres – et non pas de travailler eux-mêmes. *Big job !* Très difficile de distribuer les tâches selon des séquences bien pensées, des plages horaires équilibrées, des plages de repos absolument indispensables.

Lorsque nous avions pour la première fois collaboré lors d'une journée de séminaire pour une grosse entreprise française d'assurance dans les années 2010, Florence m'avait expliqué le terme de « chronobiologie » que je n'avais encore jamais rencontré.

« C'est une notion-clé pour la santé, m'avait-elle dit, car chacun de nous a un rythme solaire, il y a ceux qui sont du matin et ceux du soir, etc., on ne travaille pas tous bien au même moment. » Sans rendre justice à ce degré de personnalisation, l'employeur se doit de gérer le temps de manière très précise. Pas question de faire sauter la pause déjeuner ou de laisser les salariés plus de deux heures en visio. « Toutes les études montrent que, durant les confinements de 2020 et 2021, les gens ont plus travaillé que quand ils allaient au bureau. Le télétravail a débordé sur la vie privée. Les gens répondaient aux mails en plein milieu de la nuit, certains se connectaient dès six heures du matin. Plein de dérives sont apparues. Ils ne savaient pas s'organiser et l'entreprise ne savait pas les aider. » L'entreprise ou l'école ou l'hôpital ou la grande marque de luxe...

La mauvaise organisation du travail est la grande coupable. Elle est à l'origine des souffrances et de ce fait des taux d'absentéisme devenus exponentiels en France. « Nul besoin de trouver des explications psychologiques lorsque les problèmes sont avant tout logistiques. Pour organiser les choses plus que des coaches, de vraies salles de repos plus que des baby-foot, et surtout des lieux. Des lieux psychologiques je veux dire. Surtout quand on n'a pas plus de lieux physiques. Des lieux de dialogue où l'on peut parler dès qu'apparaît le sentiment d'être débordé, de se sentir noyé par la masse du travail à accomplir. C'est l'entreprise qui est malade, c'est-à-dire mal organisée. L'énergie n'y circule plus. »

Cette fois, c'est moi qui apprends à Florence que le mot « organe » – le foie, le cœur, l'estomac, le cerveau... – vient aussi de l'*ergon*. La langue nous met sous les yeux un miroir symbolique encore très puissant : la manière dont le corps humain reflète le corps social. Nous voyons, au cœur de notre hypermodernité, et exactement comme nos ancêtres du temps d'Hippocrate, s'enchâsser le macrocosme (le monde, la société, le lieu de travail) et le microcosme (notre moi, notre corps...). L'éco-anxiété si répandue, surtout parmi les très jeunes, peut se lire comme une peur pour la planète qui se déplace vers l'ego individuel. Dans la société française réputée « malade » comme le disent les médias (malade de sa dette, malade de ses taxes...), il n'est pas étonnant que les citoyens aient tendance eux-mêmes à tomber en dépression, en anorexie, en crises d'angoisse, en passages à l'acte violent...

Nous retrouvons la première médecine, celle des humeurs. La santé n'y était rien d'autre qu'une bonne circulation des énergies. Les humeurs – sang, lymphe... – devaient circuler en harmonie avec le foie, le cœur, le cerveau, et s'équilibrer mutuellement. Les médecines chinoise ou ayurvédique si à la mode aujourd'hui nous le rappellent. N'oublions pas qu'en latin la « convalescence » était le fait d'être valeureux (*valescere*) tous ensemble (*cum*)... Bien organisés. Allègrement collaboratifs. Organes comme organisations.

Du temps d'Hésiode, celui qui dérogeait à cette règle se nommait l'« *énergumène* » : qui se démène sans cesse, dans le plus grand désordre, ne parvenant pas à produire une œuvre. Aucun objet ne pouvait naître de ses mains car il dysfonctionnait dans ses *erga*. L'énergumène était l'exact contraire de celui qui, toujours sur la même racine, les faisait bien fonctionner : l'artisan habile que l'on appelait « *démiurge* ».

Revenir à l'*ergon* en oubliant quelques instants « travail », venu plus tard dans notre histoire linguistique, nous ouvre ainsi deux grands territoires de représentations auxquels nous ne pensions plus. Tout d'abord celui du geste artisanal tel qu'il est revisité, notamment par l'industrie du luxe florissante – j'en parlerai plus loin dans le chapitre « Création ». Ensuite, et l'enjeu sociétal est plus grand encore : celui de santé. La valeur du concept d'*ergon* nous amène à penser que la qualité « ergonomique » ne doit pas se limiter à telle chaise de bureau ou tel objet connecté : elle doit innerver tout le dispositif organisationnel pour que les corps humains puissent accomplir leurs tâches ou leurs œuvres de la manière la plus harmonieuse qui soit.

La paresse ou quand l'estomac se met en grève

« N'oublie pas de dormir » est le dernier conseil que me donne Florence lorsque nous nous quittons ce soir-là. Comme d'autres disent « bisous », elle offre cette dernière indication médicale à ses amis : le cerveau doit être en pause au moins six heures. « Sans cela, il ne se recharge pas. On est des piles... »

À ce propos, le fameux « droit à la paresse », qui revient régulièrement dans le débat politique français, est très trompeur. Il est brandi par certains militants politiques partisans d'une réduction du temps de travail comme un drapeau alors que le livre, *Le Droit à la paresse,* écrit par Paul Lafargue, n'est jamais vraiment ouvert.

J'avoue que je me comptais parmi ses nombreux non-lecteurs jusqu'à ce jour du printemps 2022 où le rédacteur en chef de l'émission *Ça vous regarde* sur LCP m'a envoyé ce sms : « Peux-tu nous faire quelque chose sur le mot "paresse" pour ta chronique, Myriam va organiser un débat sur la réduction du temps de travail : performance contre paresse ? »... Je lus donc pour la première fois ce fameux traité et, comme on dit, en tombai de ma chaise. J'avais toujours, comme beaucoup de gens, imaginé le gendre de Karl Marx (Paul Lafargue avait épousé sa fille Jenny) comme une sorte *d'Alexandre le Bienheureux*, défenseur d'un mode de vie paresseux et heureux contre les cadences infernales du XIXe siècle. C'était tout le contraire !

J'avais en tête, comme dans ce vieux film, le jouisseur à la française sous les traits de Philippe Noiret, inventeur d'une merveilleuse *machine* qui montait jusqu'à son lit. Il y paressait jusqu'à une heure avancée de la journée, y déjeunait de jambon, de pommes, de vin, que la machine lui livrait. Y lisait son journal que son petit chien lui apportait. Face à ce paresseux à la française, se tenait par la fenêtre ouverte la douce France-cher-pays-de-mon-enfance... Tout était bien rangé.

Tout fut complètement dérangé dès les premières lignes du traité de Lafargue. Sous la plume révoltée et déprimée de ce socialiste de 1880, spectateur de la première révolution industrielle, adepte convaincu des thèses de son beau-père, je découvris bien autre chose qu'une ode au *farniente* ! La dénonciation de l'*arbeit* était aussi claire que chez Marx. Le travail était le grand accusé, et avec lui la classe ouvrière qui selon l'auteur aimait beaucoup trop cette activité, s'empêchant ainsi, la pauvre idiote, d'accéder à l'oisiveté aristocratique !

On connaissait le concept marxiste d'aliénation, le patron transformant le corps du travailleur en plus-value financière... Avec ce défenseur de la paresse, on comprenait qu'aimer trop le travail constituait un crime contre-révolutionnaire. Cela méritait la mort ! Précisément ce que Lafargue s'infligea à lui-même dès le livre achevé, entraînant au passage son épouse avec lui. Cet acte a-t-il été celui d'un homme pris par le *burn-out* ? Bien possible, car le bonhomme était visiblement *workaholic*, exténué d'avoir tant écrit et tant milité. Ironie de l'histoire, c'est au moment de passer à la retraite qu'il commet son acte tragique, comme s'il voulait dire : Déprimés de tous les pays, unissons-nous dans la paresse morbide.

Son attaque, intention générale et première phrase du livre, est rude : « Une étrange folie possède les classes ouvrières des nations où règne la civilisation capitaliste. Cette folie traîne à sa suite des misères individuelles et sociales qui, depuis deux siècles, torturent la triste humanité. Cette folie est l'amour du travail, la passion moribonde du travail, poussée jusqu'à l'épuisement des forces vitales de l'individu et de sa progéniture. »

Un tel suicide sur lieu de travail (dans la bibliothèque du penseur pamphlétaire peut-être) est resté largement dans l'ombre. Il mérite pourtant d'être connu car il est à l'origine du malentendu sur ce fameux *Droit à la paresse* : bien loin de tout hymne au loisir, ce manifeste anti-travail est une longue accusation, non seulement des patrons mais aussi et surtout des prolétaires qui les croient. Ce sont eux que Lafargue veut réveiller : « Prolétaires, abrutis par le dogme du travail, entendez-vous le langage de ces philosophes que l'on vous cache avec un soin jaloux : Un citoyen qui donne son travail pour de l'argent se dégrade au rang des esclaves, il commet un crime, qui mérite des années de prison. »

Seule l'étymologie donne une explication à ce malentendu sur un livre encore brandi aujourd'hui par certains à la moindre évocation de l'allongement du temps de travail. Sur le plan du langage, la paresse n'a rien d'hédoniste. Elle est au contraire une rancœur, une passion triste. Elle donne des brûlures gastriques. Elle vient de *pigritia* en latin qui est une maladie de l'estomac. Sous l'effet d'un dysfonctionnement biologique, cet organe essentiel ralentit la cadence, se met en grève, refuse de faire son travail.

Le corps se trouve alors complètement déréglé. Et en grave danger. Paresser, ce n'est pas « vivre joyeusement » tel un Alexandre le Bienheureux, ni revenir dans le paradis de l'abondance originelle. Non, paresser, c'est sombrer. S'arrêter de battre, et de se battre.

Bien loin d'être un droit de l'Homme libertaire, la paresse est la plus sinistre des maladies du travail. C'est d'elle qu'il faut débarrasser le corps du travailleur afin qu'il prenne un repos bien mérité après un *ergon* bien organisé.

RÉFÉRENCES

Hésiode, *Les Travaux et les Jours*, Folio classique 3467, traduction de Jean-Louis Backès.

Paul Lafargue, *Le Droit à la paresse*, La Découverte Poche/ Essais n° 319, préface de Maurice Dommanget, 2010.

Émission quotidienne *Ça vous regarde*, chaîne LCP. Myriam Encaoua, journaliste animatrice ; Jean-Pierre Montanay, rédacteur en chef.

6

Technè & mètis

Le travail comme technique éthique

> « Une parfaite maîtrise de la gestion du temps permet de ne pas entrer en panique, c'est très technique.
>
> Cela revient pour moi à ce mouvement universel : qu'est-ce qu'un métier ou la pratique d'un sport ? C'est la maîtrise du geste, du feu et du temps. »
>
> Marx (Thierry).

Critique moderne de la technique

La technique fait l'objet d'une très profonde critique de la part du monde intellectuel depuis la deuxième partie du XXe siècle. Après les crimes de masse perpétrés par l'Allemagne, après le lancement de la bombe atomique par les Américains sur le Japon, après le systématisme de la destruction stalinienne, cette critique est même devenue une part incontournable de la philosophie – au même titre que la métaphysique ou la phénoménologie. De très grands esprits l'ont nourrie : Heidegger, Jaspers, Adorno, Ellul... Pour eux, le danger venait du risque que la technique échappe aux techniciens, qu'elle acquière une autonomie de méga-force diabolique. Que, tel Frankenstein inventant sa créature, l'homme technique n'en soit la première victime. Ne soit victime de sa propre inventivité.

Hannah Arendt y a pris sa part tout en gardant son originalité – elle s'est notamment passionnée pour la conquête de l'espace ! Son premier mari Günther Anders fut un acteur majeur du courant techno-sceptique, voire technophobe, et reste central aujourd'hui sur la fameuse question de l'anthropocène, cette faute de l'Homme contre lui-même dénoncée par des penseurs contemporains comme Bruno Latour ou Alain Damasio et tant d'autres. Selon la formule d'Anders, le devenir *machinique du monde* ne peut que produire *l'obsolescence de l'Homme.*

Comment ne pas penser à cette problématique devant les grands risques écologiques et parfois devant les nouvelles tâches techniques qui s'imposent : prendre un billet de train, s'inscrire sur un site médical en ligne, s'inscrire sur Parcoursup... ?

Lorsque j'anime des ateliers d'entreprise comme celui du Tripalium, j'apporte toujours avec moi *l'album des planches de l'Encyclopédie* de Diderot et d'Alembert, consacré aux techniques. Cela fascine les participants de voir comment ces grands philosophes des Lumières valorisaient les objets, se passionnaient pour la machine à vapeur, les nouveaux métiers à tisser, le moindre outil. La technique représentait à leurs yeux une activité humaine aussi noble que la littérature ou la peinture... Un terme d'ailleurs leur était commun : *ars, artis,* qui donne « art » en français mais qui, à l'époque, ne possédait pas cette connotation et traduisait simplement le grec *teknè.*

Diderot affirmait que le peintre de La Tour était génial, bien qu'il soit dénué d'inspiration, qu'il appelait « verve » (mot cousin du *work* anglais). Pour lui, ce qui comptait était le fait que l'artiste soit un « machiniste merveilleux ». Le mot « génie » signifiait dans ce contexte la compétence pratique. Dans le français actuel, nous sentons encore cela quand il est question des métiers du « génie » : le génie civil construit des avions et des centrales nucléaires ; le génie militaire produit des tanks et des drones. Le terme d'ingénieur vient de là.

C'est précisément cette puissance du génie humain à inventer des machines de plus en plus sophistiquées qui est en cause dans la critique philosophique de la technique. Cette puissance est vue dans sa dangereuse ambivalence. Un premier versant, bienfaisant, est lié au progrès qui améliore et prolonge la vie humaine. Certains, surtout aux États-Unis, y rangent le transhumanisme et sa quête d'immortalité. En France, les start-up de la bio-tech sont parmi les plus performantes. Un deuxième versant, destructeur cette fois, est inhérent aux technologies qui ne se posent pas la question de la valeur du vivant.

« À propos des philosophes et de la technique, vous voulez dire que c'est comme si on voyait Alain

Finkielkraut faire une *keynote* pour Apple, lui qui n'a pas de portable ? » a demandé avec ironie Leïla, la cheffe de la RSE lors de l'atelier du Tripalium, lançant le petit jeu des analogies : « Ou comme si Hanouna faisait un docu pour Arte sur le moteur à hydrogène ? » « Ou comme si Beyoncé faisait son prochain show dans un exo-squelette ? »… Rien n'est plus satisfaisant dans un atelier créatif que lorsque les participants oublient celui ou celle qui fait la présentation pour *« se tirer la bourre »* : littéralement se passer le chanvre de main en main pour en faire de la laine comme le faisaient les ouvrières cardeuses du XVIIIe siècle. La technique collaborative est alors à son comble. Et le plaisir d'imaginer ensemble et de s'amuser en travaillant.

Teknè ne va pas sans _mètis_

Le monde grec avait à sa façon résolu le problème de l'ambivalence de la technique en inventant un concept passionnant : la *mètis*. Ce terme est le plus souvent traduit par « sagesse », « ruse », « ingéniosité ». Elle recouvre une forme de qualité à la fois intellectuelle et morale : une intelligence avisée qui se distingue de l'intelligence philosophique (vérité des choses) en étant à la fois plus pratique et plus sensible. La *mètis* n'est pas la raison pure : elle est mieux que cela, un ensemble de qualités humaines qui constituent parfois une liste à la Prévert. Dans l'étude de référence que les deux grands historiens du monde grec Marcel Détienne et Jean-Pierre Vernant lui ont consacrée, elle est décrite « comme un ensemble complexe mais très cohérent d'attitudes mentales, de comportements intellectuels qui combinent le flair, la sagacité, la prévision, la souplesse d'esprit, la feinte, la débrouillardise, l'attention vigilante, le sens de l'opportunité, des habiletés diverses, une expérience longuement acquise ; elle s'applique à des réalités fugaces, mouvantes, déconcertantes et ambiguës, qui ne se prêtent ni à la mesure précise, ni au calcul exact, ni au raisonnement rigoureux ».

Le plus intéressant est que Mètis à l'origine est une femme ! Un personnage de chair et d'os. De force mentale aussi. Oubliée aujourd'hui, mais dont l'histoire est très instructive.

Voici une Océanide qui vit souvent sous les eaux et est réputée pour avoir des pouvoirs cachés, très puissants. Zeus lui-même ne les possède pas. De belles questions sont posées par cette symbolique. Les pouvoirs de Mètis sont-ils proprement humains ? Plus féminins que masculins ? Une forme de puissance plus subtile que la toute-puissance d'un empereur conquérant ? Quoi qu'il en soit, Zeus a l'intelligence de reconnaître qu'il en est dépourvu.

Sa méthode pour s'approprier cette ruse bien spéciale est plus que contestable : il fait de Mètis sa femme, la met enceinte et l'avale – sorte de gestation pour autrui directe et sans considération de genre. N'ayant pas d'utérus, il place le fœtus dans sa tête : ce sera Athéna, née comme l'on sait du crâne de son père, fendu en deux par son frère Héphaïstos. Née casquée dit-on, la voilà porteuse de la mètis, sans majuscule, devenue une substance. Par ce nom commun issu d'un nom propre est désignée une forme d'intelligence essentielle au monde grec de la *teknè*. Un couple notionnel idéal se forme : pas de *teknè* sans *mètis*. Pas de technique sans raison gardée. Rabelais dira : « Science sans conscience n'est que ruine de l'âme. »

Ulysse sera l'heureux bénéficiaire de la *mètis*. Il entame son odyssée parce qu'il connaît des techniques de combat et de navigation mais ne la réussit que parce qu'Athéna l'a rendu *polymètis,* l'homme aux mille ruses. Le héros vaincra ainsi par son ingéniosité le cyclope, les sirènes, et tous ceux qui se mettront sur sa route. Grâce à la *mètis* qu'elle a héritée de sa mère Mètis, Athéna n'est jamais dans l'excès. Même dans la guerre elle garde quelque chose de « non furieux » – à l'opposé de Mars pulsionnel et brutal. On peut repenser à cette opposition entre les deux divinités, l'une porteuse de sagesse et de mesure, l'autre non, dans le monde actuel, fait d'intelligence artificielle et de guerres technologiques, de puissance de calcul et d'hybris industrielle.

La *mètis* peut également nous aider à mieux comprendre Prométhée si nous l'entendons dans son nom. Pro-metheus, Pro-mètis est celui qui possède l'intelligence prévisionnelle (pro), de ce qui va arriver. Il en a une mesure. Dans la légende, il s'oppose à son frère jumeau Épiméthée, qui réfléchit trop tard, agit avant de penser, n'a pas conscience des conséquences de ses actes.

Certes, Prométhée reste dans les mémoires comme celui qui a volé le feu aux dieux et il est vite renvoyé à ce péché aussi originel que celui – dans un autre genre – d'Adam et Ève. Pour cela, le théâtre grec l'avait « enchaîné », et souvent nous continuons à le mettre en accusation. Comme il a voulu dépasser Zeus, à l'aide d'Héphaïstos, dieu de la forge c'est-à-dire du feu technique, il semble aujourd'hui incarner la volonté de détruire le Vivant.

Mais est-ce une raison pour jeter la *mètis* avec l'eau du bain des excès productivistes alors que *mètis* incarne le contraire ? La problématique reste actuelle au moment où les innovations technologiques atteignent une dimension inédite pour l'humanité : production et prolongement de la vie, possibilités démultipliées d'aller dans l'espace... Et surtout robotisation, digitalisation, transformation tous azimuts de notre cadre de vie. De notre toit.

Le mythe de Mètis nous donne la grande chance de nous interroger sur la nature même des formes d'intelligence déployées aujourd'hui. Celle de la mère d'Athéna est multiforme, agile, ouverte au sensible. Elle relève de ce que Pascal appelait *l'esprit de finesse*. Une certaine idéologie actuelle montre sa compétence à réveiller toutes sortes d'entités féminines « invisibilisées ». Souvent elles sont néo-mystiques et s'opposent à la science et à la technique (la sorcière, Gaïa...). Dans ce contexte, il est possible de poser cette question : et si la plus cachée était aussi la plus subtile sans être autoritaire, la plus complémentaire de la puissance technique, bref la plus apte à nous aider ?

Comment mieux décrire en effet la fameuse agilité prônée par le monde de la tech ? Difficile de ne pas voir des traces de Mètis dans des figures comme l'entrepreneur surdoué de la Silicon Valley, le petit malin de la French Tech, la vraie inventrice de ChatGPT... Une rapide veille sémiologique montre également que le terme *mètis* est souvent choisi aujourd'hui comme nom de marque par des start-up de l'innovation.

Il est clair que cette femme mythique a été largement occultée par notre histoire culturelle. Dans leur livre, Détienne et Vernant s'en étaient déjà étonnés. Pourquoi ce silence des intellectuels depuis tant de siècles à propos de cette sagesse féminine ? s'étaient-ils demandé.

À notre tour nous pouvons nous poser des questions. Et si Mètis était la vraie femme invisible de notre culture ? Si c'était elle qu'il fallait retrouver d'urgence aujourd'hui ? Porteuse d'une précieuse sagesse, plus ingénieuse qu'ingénieure, future et précieuse alliée de notre intelligence ? De notre propre intelligence du monde, humaine si humaine.

Comme l'écrivait Hésiode : « Mètis en savait plus long que tous, dieux et humains mortels. » Nous aurions bien tort de nous priver de ses services.

Se construire un toit, droit de l'Homme fondamental

Dans l'hypothèse où nous saurions nous réapproprier Mètis, la technique retrouverait son sens originel. Originel et fondamental : lié à la notion de « toit » au sens le plus ancestral du terme. En effet « technique » vient de *teknon*, une des façons en grec de désigner l'abri protecteur ; puis par métonymie le « charpentier ». Ce toit vient lui-même du verbe *teknein* : construire, couper. Couper du bois pour fabriquer une latte – une trave – qui viendra avec d'autres constituer un ensemble solide, agrégé par de la terre, des feuillages, sous lequel pourront s'abriter plusieurs personnes : l'idée germe très tôt dans l'esprit de l'humanité, elle est pratiquement concomitante avec celle de se nourrir.

La technique est simplement le « pas suivant » accompli par l'Homme. Se nourrir ne nécessite pas d'outils. On peut comme tout animal en courser un autre pour s'emparer de sa chair. En revanche, pour fabriquer un toit avec des branches et des feuillages, il est nécessaire de se doter d'un objet : marteau ou hache, aussi rudimentaires soient-ils. Le célèbre os du début de *2001 : L'Odyssée de l'espace* nous en donne une première idée lorsqu'il vole en l'air. Un lion, un dinosaure, un chien peuvent déchiqueter avec leurs dents, déchirer avec leurs pattes. Des oiseaux peuvent construire des nids qui sont des modèles de perfection tisserande, comme l'explique l'anthropologue anglais James Suzman dans son ouvrage *Travailler, la grande affaire de l'humanité.* Seul l'Homme peut fabriquer un couteau : au départ une hache biface, une simple pierre qu'il affûte avec une autre.

Cette action essentielle a comme socle la racine indo-européenne TEKS, qui représente le mouvement du corps humain quand il découpe. La découpe concerne le bois pour s'abriter aussi bien que l'aliment pour manger. D'où la passion des cuisiniers pour les couteaux : Thierry Marx rappelle souvent qu'il en possède de nombreux dont les très techniques *santoku* japonais utilisés pour le poisson cru. J'ai entendu il y a quelques années, dans le cadre d'un atelier d'entreprise consacré à la notion de goût, le chef Guy Savoy révéler que le secret de la grande cuisine se tenait dans la qualité de la coupe : qu'il s'agisse d'une carotte, d'un gibier ou d'une châtaigne, ingrédient merveilleux de sa célèbre soupe, l'outil coupant est le premier façonneur du goût. L'étymologie le corrobore puisque « goût » vient aussi de la racine ancestrale TEKS, qui dans les langues romanes devient GUE et donne toute une série de mots comme *gosier, gargante…*

Aujourd'hui découper des ARN est le geste nécessaire au développement de la médecine génique du futur. Ce sont les recherches sur la possibilité de cisailler ces messagers de nos cellules qui ont conduit à l'élaboration d'un vaccin contre le Covid-19. Bientôt ce seront les recherches sur la possibilité de couper l'énergie solaire – la fusion nucléaire – qui nous feront réellement passer à une nouvelle ère énergétique.

Pour les opposants à la technique, couper c'est déjà violenter : la terre, les eaux, les animaux. Comme si la technique contenait une part première ontologiquement violente. Pour ceux qui en critiquent seulement les excès, la technique n'est pas condamnable en soi, seul l'est son mode d'action. Produire autrement du carbone, technique nouvelle qui consiste à faire travailler par exemple des algues, peut représenter une solution d'avenir. C'est la position du biologiste Olivier Hamant : « L'avenir, ce n'est pas la décarbonation de l'économie, c'est au contraire la recarbonation de l'économie, grâce au carbone vert, entièrement biodégradable et totalement intégré dans le cycle de la Terre. »

La coupure dans ce cas se fait « épistémologique », disait le philosophe des sciences Gaston Bachelard. Avec elle, l'humanité peut vivre un avant-après qui la fait passer dans une nouvelle ère : l'électricité installe un monde qui coupe avec celui de la lampe à huile. Le terme actuel de disruption reprend la métaphore : il s'agit de rompre avec un état antérieur. La notion même de progrès l'énonce aussi à sa façon puisque « progresser » c'est littéralement marcher, franchir des étapes.

Aux abords de Paris et de toutes les grandes villes occidentales qui réinventent la ville par la végétalisation ou la mobilité électrique, de plus en plus de cabanes de fortune sont visibles. Tentes de camping renforcées par des toits de carton, constructions de planches fleurissant sur les terre-pleins du boulevard périphérique.

Au moment où une technique disruptive capable de sauver l'humanité de la catastrophe énergétique se cherche, la technique sempiternelle de l'*homo viator*, l'homme voyageur, se rappelle à nous. Nous devons remarquer que la personne migrante, dont les manières de s'abriter le long de la route n'ont pas varié depuis le néolithique (marcher, se nourrir, s'abriter), et l'ingénieur futuriste qui rêve d'aller sur Mars vivent à la même époque.

La technique constitue donc le thème privilégié pour regarder en face l'ambivalence du travail humain et son évolution. Progrès et archaïsme se défient. La technique découpe mais sait aussi coudre ensemble deux réalités opposées. L'époque actuelle produit nombre de ces chocs entre la plus évoluée des technologies et la plus ancestrale. Elle restera peut-être dans l'Histoire comme celle qui aura le plus fait se rencontrer le génie humain bienfaiteur et la terrible imagination du Mal. Nous vivons probablement aujourd'hui le contraste le plus inédit – et le plus abyssal – entre progrès et régression. Plusieurs âges de la technique cohabitent.

La version heureuse de cette situation est donnée par l'art culinaire. Les chefs n'ont pas leur pareil pour utiliser aussi bien des ingrédients et ustensiles d'antan que des innovations. Ni pour réunir ces deux modalités dans une seule et même exigence. Apprendre les bonnes pratiques d'un métier peut se faire aussi bien par la connaissance de la tradition que par celle de l'innovation. Ce balancement entre hier et demain a d'ailleurs le don de plaire aux jeunes générations comme le prouve le succès de programmes comme *Top Chef, Tous en cuisine, La meilleure boulangerie de France.* C'est bien sûr par la chanson et la célèbre *Star Ac* qu'a commencé à être proposée de manière ludique la technique, le domaine du sport constituant aussi un troisième lieu d'acceptation de l'apprentissage des techniques.

Contrairement à ce qu'ont cru en leur temps bon nombre de pédagogues, la technique n'est donc pas nécessairement ressentie comme aliénante, si elle prend les formes qu'il faut pour capter l'attention. Elle a le grand avantage dans ce cas de poser des cadres aidants. Le goût récent des étudiants pour des formations alternantes qui leur permettent d'entrer en douceur dans le monde du travail en est un très bon signe. Le mot « maître » en profite pour faire son retour : « maître d'apprentissage », qui supervise des étudiants bac + 6, qui se destinent à des métiers intellectuels, et ont des « masters »...

Quand elle est bien accompagnée par l'intelligence humaine, la technique cesse donc de constituer, comme cela a été le cas dans l'histoire récente, en particulier au XXe siècle, un grave danger pour l'humanité. Pour notre futur, c'est donc bien le couple ancestral Teknè et Mètis qui doit se reformer.

RÉFÉRENCES

Atelier d'entreprise organisé par l'entreprise Daregal, spécialisée dans les herbes aromatiques, le 20 mai 2015.

James Suzman, *Travailler, la grande affaire de l'humanité.* Flammarion, 2021 (*Work. A history of how we spend our time, Bloomsbury*, 2020), soutenu par Yuval Noah Harari, l'auteur de *Sapiens*.

Julius Pokorny, *Dictionnaire des racines indo-européennes*, 1951.

Olivier Hamant, *Antidote au culte de la performance, la robustesse du vivant*, Tracts n° 50, Gallimard, août 2023.

Marcel Détienne, Jean-Pierre Vernant, *Les Ruses de l'intelligence, la mètis des Grecs*, Champs Flammarion, 1974, 2018.

7

Création

Le travail comme genèse

« Je crois en Dieu quand je travaille. »
Henri Matisse.

Au commencement, Dieu sépara

Dans le monde antique, le monde est engendré – il naît – alors que dans le monde judéo-chrétien il est fabriqué. Il sort de la volonté d'un créateur.

Dans de nombreuses cultures, les récits des origines rapportent que les choses et les hommes sont sortis d'un grand œuf, matrice cosmique d'où part la vie. Chez les Grecs, c'est en coïtant avec son amant-fils Ouranos que Gaïa, la mère primordiale, donne naissance aux Titans qui, eux-mêmes, engendreront les dieux. Dans la Bible, les choses sont très différentes. Dieu produit un certain travail, c'est ainsi que le monde prend forme. Le monothéisme, quelles que soient ses formes, repose sur la croyance en un travail originel.

La première phrase de la Genèse pose le principe : *Au commencement Dieu créa le ciel et la terre.*

En latin, le terme est bien créer : *In principio, Deus creavit terram et caelum.* En grec, le verbe est plus ouvrier : *poien,* « produire ». Ce verbe donnera *poenè,* la peine, célèbre « pénibilité » de la condition travailleuse. On pourrait donc dire : « Dieu prit la peine de produire le ciel et la terre. Dieu se donna beaucoup de peine. » Rien ne fut magique, aucun coup de foudre à la Jupiter, Dieu dut fournir un sérieux *hard work.*

Mais c'est à l'hébreu originel qu'il faut remonter pour bien voir l'image :

Bereshit bara Elohim èt ha-shamayim we-èt ha-ares, littéralement, « Au commencement Dieu (*Elohim*) sépara (*bara*) les cieux (*shamayim*) et la terre (*hares, eretz*) ».

Ces quelques mots ont fait couler beaucoup d'encre. L'hébreu étant une langue de juxtaposition, il est possible de se demander si ce n'est pas le Commencement (*bereshit*) qui travailla (*bara*) pour créer les dieux (*Elohim* est un pluriel). Il y eut aussi de grands débats pour savoir si ce travail originel se faisait *ex nihilo,* à partir de rien, ou à l'inverse à partir de quelque chose qui existait déjà mais qu'il fallait reprendre, refaçonner…

Dans mon approche, qui n'a rien de théologique, et s'intéresse moins à Dieu qu'aux esprits humains qui inventèrent cette première phrase, c'est sur ce geste initial et travailleur que je propose de nous arrêter. Cette autre idée selon laquelle un geste fondateur et bienfaiteur est accompli est cruciale pour nous dont la langue est habitée par la dimension suppliciante du travail.

Remarquons d'abord que c'est un geste séparateur. À partir d'une masse informe, deux choses vont advenir, ayant chacune une forme propre : ciel et terre. Annonçant le moment où Dieu séparera les eaux devant Moïse pour laisser passer le peuple hébreu et le libérer, le voici qui déjà, en ce premier matin du monde, fait émerger deux éléments distincts. Il met ainsi un point final au mouvement perpétuel et stérile qu'est le Chaos : ce bouillonnement d'une substance indéfinissable qui bouge sans cesse mais sans rien produire. Une fois instauré, l'acte divin séparateur présente de nombreuses répliques. Après le couple ciel et terre, suivront lumière et ténèbres, nuit et jour, profondeur et surface, haut et bas, oiseaux et poissons, animaux et Homme… Cela rappelle sous l'angle du merveilleux ce que la science prouve : la première cellule doit se diviser en deux pour que s'amorce l'existence de l'embryon.

Dans la toute première phrase biblique, le deuxième terme, *bara*, est donc le plus intéressant. Il revient une cinquantaine de fois dans l'Ancien Testament pour dire : défricher un espace, nettoyer, faire place nette, toujours porteur de cette idée de différenciation positive, fertile. Il est réservé à Dieu, jamais employé pour les hommes.

Ce qui leur est commun est le repos. Quatrième commandement, l'obligation de se reposer vient d'ailleurs avant le sixième « Tu ne tueras point »…

Et si nous « barions » à notre tour?

Dans la version grecque, le « Tohu-bohu » biblique auquel Dieu met fin pour créer la vie est le Chaos (*kaos*). Dans les deux langues, l'image est semblable. Il s'agit de mettre fin à un bouillonnement stérile, à une turbulence incessante et improductive.

« Chaos » est revenu dans le discours médiatique depuis une dizaine d'années, ce qui m'a alertée. Pourquoi un mot mythique pour décrire des dysfonctionnements bien réels de notre monde, de la guerre aux risques écologiques en passant par les menaces sur la démocratie, les injustices sociales ou les violences sexuelles? Est-ce le symptôme d'un désir malsain: revenir à cette origine du monde dans l'illusion de le recréer? Désirer mourir pour renaître? Faire éclater des turbulences et des colères pour mieux se soumettre à un ordre nouveau?

Sur ces sujets, deux options agitent les mentalités contemporaines. La première option consiste à restaurer la force divine en la posant comme indépassable: prendre la phrase *Dieu créa le ciel et la terre* de manière littérale, c'est-à-dire être créationniste. Ayant perdu tout sens du symbolique, certains nient les processus biologiques qui fondent la chaîne du vivant: de la bactérie à l'Homme – comme l'expliquent pourtant clairement les recherches de James Suzman que j'ai déjà mentionnées. *Deus creator* aurait tout inventé, de la première pâquerette au dernier robot, en passant par tous les animaux dont nous ne serions que des frères à deux pattes comme nous sommes « sœurs » des fleurs – un glissement poétique que l'on sent notamment dans l'encyclique du pape (*Laudato si*, 2015) qui a inspiré pas mal de penseurs écologiques.

À l'inverse, la seconde ne conçoit rien hors de la re-création technique du monde et de l'homme augmenté jusqu'au transhumanisme. Rien moins que se mettre dans les pas du Dieu créateur dans le but de prendre sa place. L'historien des mentalités Yuval Harari baptise les stars de cette nouvelle industrie comme Elon Musk ou Mark Zuckerberg des *homo dei* : des hommes qui se prennent pour des dieux.

Notre époque, qui aime la radicalité, gagnerait à opter pour une position médiane : se laisser inspirer par Dieu en le prenant comme modèle élevé, sans aucune dévotion, utiliser pleinement la notion de *bara*. Si ce dernier terme marque la possibilité de séparer l'informe pour le recréer sous forme d'objets utiles, pourquoi s'en priver ? Après tout, lorsque nous faisons un gâteau, nous séparons le blanc et le jaune de l'œuf par exemple, lorsque nous fabriquons un meuble nous faisons deux lattes – deux traves – dans une même planche ou deux lés dans un morceau de tissu.

La psychanalyse des années 70 a insisté sur cette fonction séparatrice. Elle y a vu le rôle du père venant couper le cordon ombilical de l'enfant, physiquement à sa naissance, puis symboliquement au cours de son éducation, pour mettre fin au lien fusionnel avec la mère – condition obligatoire du processus d'humanisation.

Je me souviens que mon premier patron, devant ma mine déconfite – je devais faire l'analyse sémiologique de tout un corpus de publicités de l'Armée de terre – m'avait recadrée en me disant : « Je sais que vous êtes peu armée pour l'armée, que votre esprit littéraire ne vous permet pas de comprendre l'esprit militaire, mais contentez-vous d'appliquer le conseil de Descartes dans son *Discours de la méthode* : isolez les énoncés que vous avez devant les yeux et rangez-les en petites unités. Ce que Barthes appelait des *lexies* comme vous le savez. Ce sont elles qu'il faut comprendre dans le détail, comme chaque motif d'une mosaïque, si vous voulez voir apparaître la vérité d'ensemble. » Méthode, oui, c'était bien de cela qu'il s'agissait, et ce conseil m'a été utile. Je ne l'ai pas oublié. Je le donne souvent à mon tour aux apprentis sémiologues. J'aime la question qu'il renferme : Et si Dieu avait eu avant tout de la *méthode* ? Une bonne méthode de travail. Plus qu'une puissance miraculeuse.

Dieu crée, a-t-on dit, par le pouvoir de sa simple parole. Mais son véritable « faire » se vérifie plutôt avec les métaphores artisanales qui le désignent dans le texte biblique : potier, sculpteur, bâtisseur. Le Très-Haut modèle l'homme avec de la poussière et plante un jardin. Une des plus célèbres – et merveilleuses – théories développées à la Renaissance par la Kabbale est celle du rabbin de Louria. Ce religieux fantaisiste, qui a probablement connu Rabelais, s'est posé la bonne question : Pourquoi Dieu, qui est Tout, voudrait-il avoir devant lui le monde qui est Quelque chose ? Une seule explication : Dieu, avant de se faire créateur, se fit ouvrier. Dieu un beau jour commença par se rétracter, se séparer lui-même de la chose qui occupait tout l'espace, cette forme informe dont d'une certaine façon il faisait partie. Dans cette théorie dite du Tsim-Tsoum, Dieu accepte de diminuer sa puissance en la rendant toute relative, afin de produire le monde, l'homme dans le monde. Nous.

S'arroger le droit de travailler comme Dieu, en lui piquant son mot, permet ainsi de s'élever mais pas trop haut, en s'évitant à la fois la soumission créationniste et l'hubris arrogante. « Barer », si l'on peut distordre ainsi l'hébreu, revient dans ce cas à faire descendre Dieu de son piédestal pour pouvoir l'imiter. À le poser en modèle possible pour nous en servir d'étai – en menuiserie : une pièce de bois qui soutient un plafond en mauvais état que l'on veut réparer.

Succès actuel du modèle artisan

Prendre l'initiative et commencer par séparer les matières avant de les travailler, c'est dans ce cas se montrer démiurge, divin artisan. Sur ce modèle paternant, dans le Nouveau Testament cette fois, Jésus est un temps charpentier comme Joseph puis fait un stage chez un teinturier. En latin, l'*artitus*, l'artisan, est celui qui a été formé à diverses techniques – la distinction artisan/artiste n'arrive que très tard, à la fin du XVIIIe siècle.

Dans le monde contemporain, le modèle de l'artisanat a retrouvé une pertinence qu'il avait perdue. La spécialiste du travail Laetitia Vitaud y voit la manière la plus intéressante de « revisiter aujourd'hui le travail, dans la nouvelle donne créée par la limite nécessaire des ressources naturelles ». Dans son livre au titre explicite : *Du labeur à l'ouvrage*, elle explique que le productivisme s'éloigne quand la structure de production est plus petite, que l'organisation est plus maîtrisable, que la distance se réduit entre le producteur (par exemple, celui qui a créé un programme de codage) et l'utilisateur final. Ce lien est essentiel : il est important que l'artisan connaisse *l'expérience-client* comme on dit. L'experte en prospective du travail développe sa vision : « L'artisanat n'est pas un secteur d'activité, mais un type de travail qui peut s'appliquer à de nombreux secteurs, et concerner le boulanger comme le programmateur informatique et le prestataire de soins de proximité [...]. L'artisan tisse des liens sociaux (et commerciaux) en assurant tous les stades de la transformation du produit, sa réparation, sa commercialisation et son entretien » (p. 220).

En la lisant, on comprend mieux le lien *a priori* contre-intuitif entre la Silicon Valley et l'atelier artisanal. Le sociologue américain déjà cité, Richard Sennett, avait vu venir cela, non pas grâce à des études prospectives à base d'algorithmes prévisionnels, mais grâce à ses métaphores personnelles. Musicien d'orchestre de chambre puis ébéniste amateur, il est resté relié à ces deux pratiques, ce qui lui a permis d'expliquer dans ses différents *ouvrages*, en particulier dans

Together (Ensemble), que bien travailler requiert avant tout de rejoindre un petit groupe amical et complémentaire. Selon lui, cette confiance accordée au lien humain, faite de respect et de complémentarité, aurait la capacité de s'étendre à la démocratie tout entière : lieu d'un *collaboratif* de tous les instants, d'un effort de partage collectif.

En France, la métaphore concerne tout particulièrement l'industrie du luxe, secteur très contributif au PIB national. Les modes de production anté-industriels y sont redécouverts et reliés aux modes de consommation les plus technologiques : un sac de grande marque fabriqué à l'ancienne dans un atelier peut se vendre de manière immatérielle par le e-commerce, et faire partie des objets connectés.

Tirer tous les profits de ce modèle ne fait évidemment le bonheur financier que de quelques-uns, mais n'interdit pas à chacun de prendre l'image à son compte. Le démiurge-artisan qui façonne le monde en six jours, en mettant de l'ordre, en fixant l'agenda, en donnant un nom à tous les êtres vivants, reste un modèle très opérant. Pour nous en servir, les deux gestes divins primordiaux doivent occuper notre esprit : d'abord séparer, diviser pour mieux multiplier notre puissance créatrice et lui conserver son humanité. Ensuite, et ensuite seulement, commencer : prendre l'initiative, produire du « natal » selon le terme très chrétien de Hannah Arendt, produire du nouveau, de la vie fraîche, de la genèse. Tout travail est une façon de recréer le monde.

C'est d'ailleurs de cette belle vision, poétique et tellurique, que provient l'expression « ouvrier du paradis », cet artisan inspiré capable de produire un objet parfait, lors d'un matin comme un autre : le premier matin du monde.

RÉFÉRENCES

Michel Pastoureau, *Jésus chez le teinturier*, Le Léopard d'or, 2000.

Marc-Alain Ouaknin, *Mystères de la Kabbale*, Assouline, 2000.

Laetitia Vitaud, *Du labeur à l'ouvrage*, Calmann-Lévy, 2019.

Richard Sennett, *Ensemble*, Albin Michel « Espaces libres », 2023.

8

Beruf

Le travail comme vocation

> « Je n'ai pas fait tous les métiers. J'en ai fait très peu. Le moins souvent possible. Parce que j'étais doué d'une grande paresse. Je ne dis pas ça en m'accusant, je n'en ai aucun remords. Je n'aimais pas beaucoup le travail. C'est drôle. J'étais feignant, mais j'aimais les travailleurs. »
>
> Jacques Prévert.

Vocation, un idéal-type contemporain

Évidemment lors de mon exposé sur le vocabulaire du travail dans l'atelier du Tripalium, je ne suis pas revenue sur la première phrase de la Bible. Insuffisamment laïc ou trop sophistiqué, mon propos aurait fait bâiller d'ennui. Je me contentai donc d'y penser sans en parler lorsque le groupe fut amené à travailler sur son *purpose*. Qu'est-ce qu'un *purpose*? Je l'appris à cette occasion puisque Thomas et Leïla me demandèrent finalement de rester comme observatrice tout au long de leur journée d'équipe : « C'est notre mission, le but que nous nous donnons pour incarner nos valeurs, notre engagement. Notre service et j'oserais le dire notre sacerdoce, nous devons l'écrire, ce sera notre table de la loi. »

Le vocabulaire religieux me sauta aux oreilles ! Que faisait donc une grande entreprise de l'agroalimentaire sinon se prendre pour le Dieu de la création – d'où l'échappée belle que je me permis en imagination vers les sources bibliques de la culture occidentale.

Depuis, j'ai vérifié mes sources. Notamment auprès de mes amis consultants spécialisés dans ces éléments de langage, cruciaux pour parler aux nouveaux arrivants dans le monde du travail. Ils m'ont expliqué l'enjeu nouveau, la « marque-employeur » : comment désormais toute entreprise doit séduire la génération sensible aussi bien à l'écologie qu'à l'inclusion, en un mot à la nouvelle norme éthique.

Aucune entreprise ne peut y échapper. Toute production industrielle se doit désormais de contribuer à rendre le monde meilleur, en le purifiant de ladite industrie. Paradoxe vertueux et historique : pour la première fois, l'humanité doit mettre ses forces et son ingéniosité – sa *mètis* – au service d'un contre-progrès.

Les participants à l'atelier, je l'ai bien perçu, étaient tous animés par ce désir de faire quelque chose de bien, et, pour les plus convaincus, de faire carrément le Bien. « Grâce à nous, même les gens qui ont du cholestérol et des problèmes cardio-vasculaires pourront enfin manger du fromage », me glissa Artémis. Ce combat de la vertu contre le vice, comment ne pas le partager? J'écrivis immédiatement un sms à celui de mon entourage qui était le plus concerné par la découverte. Vivement la mise sur le marché de ce produit révolutionnaire, il allait retrouver la joie de manger...

« Joie », le mot m'était venu par pur mimétisme. Par contagion. Par sonorité (c'est ainsi que s'attrape le mieux l'idéologie). Il venait d'être employé cinq fois en dix minutes. Les salariés avec lesquels je passais la journée étaient français, mais leur mode de pensée américain, et ils passaient en permanence par ce franglais professionnel qu'on leur avait imposé. Parmi les exemples donnés pour écrire le *purpose* – le but que « nous donnons à nos actions » – figurait notamment celui de Kraft Heinz, célèbre firme américaine dont le fondateur, Henry John Heinz, avait en 1876 inventé le ketchup. Le produit à la tomate, élaboré par ce fils d'immigré allemand, reste le plus vendu au monde (un million huit cent mille bouteilles par jour). L'entreprise, aujourd'hui dirigée par *boss* portugais passé par Coca-Cola, affirme fièrement sa « raison d'être »: fabriquer des produits qui font scintiller de joie (*that spark joy*) et réunissent les gens (*bring people together*)...

Pas de mot plus chrétien que la joie, l'hymne à la joie, avec ses lumières et ses élévations... Travailler à quelque chose de supérieur à moi, qui me dépasse et apporte autre chose que la praticité, l'utilité, voilà une aspiration à laquelle un grand nombre de salariés pourraient aujourd'hui souscrire. Elle est en plein développement en ce premier quart du XXIe siècle. Les experts nous promettaient un monde désenchanté alors qu'il ne fait que se réenchanter depuis vingt ans. Erreur terrible : prendre la désertion des églises pour le refus de croire…

La force des idéologies religieuses s'exprime en général pour le pire, comme le montre l'actualité des guerres dans de nombreux endroits du monde. Pour le meilleur, il est possible que le monde du travail constitue un terreau positif. Comment ne pas se réjouir de voir que jusque dans les usines à ketchup se cherche une transcendance ?

Bien sûr, il faut y voir également un très efficace levier d'action : la meilleure façon de mobiliser les énergies travailleuses. *Our purpose is an inspiring call to action,* dit l'entreprise globale, reprenant le *calling* de la Bible en anglais : l'« appel », l'appel à agir. Au sens propre : la vocation, la réponse à une voix puissante qui nous convoque (*vocare*). Avant d'être le don artistique qu'elle est aujourd'hui (je suis cadre dans l'industrie agro-alimentaire ou cosmétique mais ma vocation était de chanter, de danser, de peindre, d'écrire), la vocation devait à l'origine répondre à un tel appel. À une voix qui demandait à celui ou celle qui l'écoutait de se lever pour agir. Dans le latin d'Église, il s'agissait en particulier d'agir en Jésus-Christ, comme lui, *role model* parfait des siècles des siècles : modèle à imiter selon la morale des Évangiles.

L'appel à l'activité vocationnelle est très puissant actuellement. Dans notre hypermodernité, il s'exprime aux deux extrêmes du monde du travail. D'une part, à l'entrée : jeunes travailleurs qui entendent donner du sens à leurs tâches et refusent de contribuer à polluer, à rendre les gens obèses, à augmenter les addictions, à faire grossir encore l'énorme tas de déchets qui se déverse dans les océans. D'autre part, à la sortie : jeunes retraités qui sortent du monde du travail et proclament un énoncé devenu courant : *Je vais enfin avoir du temps pour me consacrer à ma vraie vocation* – ce qui en dit long sur l'ennui d'une interminable *carrière*.

J'aime particulièrement cet exemple récent que m'a offert sur un plateau un ami DRH dans un grand groupe automobile français. Habitué à aider les plus de quarante-cinq ans à virer de bord pour se préparer à la sortie – « sinon la retraite c'est le naufrage » –, et voyant lui-même se profiler l'âge fatidique, il me parle de son nouveau projet, ce soir de novembre 2023 alors que nous assistons au pot de départ non pas en retraite mais « en *jubilacion* », *comme elle le dit*, d'une amie commune. Lui, bardé d'expertise et d'expérience, vient d'investir avec un « ancien collègue qui a été viré » dans une boucherie. J'ai du mal à le croire, et dans le brouhaha du cocktail je pense avoir entendu « librairie » car il est fin lettré, mais non, ce sont des viandes qu'il veut promouvoir, de bons vieux steaks de filière locale encadrée d'une charte de bienveillance très précise, celle de l'agriculture régénérative. À voir son visage de cadre très supérieur tout enjoué alors que je l'ai souvent vu stressé, je repense au fait que « viande » veut dire « rendre vivant » en latin. « Je suis fier, boucher c'était le métier de mon père et de mon grand-père, tout ce que je ne voulais pas faire à vingt ans, mais maintenant j'y reviens. Je reviens à la vocation familiale, tu peux pas savoir ce que ça me rend heureux… » La joie de se sentir appelé, d'avoir trouvé son but de vie, la joie sempiternelle de la vocation, ce noble sentiment résonne comme les trompettes de Jéricho ces temps-ci sous nos cieux supposés désenchantés.

Tout salaire mérite travail

Cette anecdote m'a rappelé le récit qu'a fait en 2011 Sylvain Tesson de son propre départ vocationnel. Son appel de la forêt à lui. La toundra sibérienne lui semblait la voix la plus intéressante pour trouver sa voie d'ermite. Au lieu de travailler/consommer vainement : lire, écrire, boire, contempler la nature. Gros succès de librairie qui s'inscrivait dans le droit fil du succès de cinéma obtenu en 2007 par *Into the wild* de Sean Penn, et de ceux des biographies des poètes botanistes américains du dix-neuvième siècle Henry David Thoreau ou John Muir. Ce courant littéraire et philosophique était profond, il a marqué l'émergence d'une vraie aspiration en faveur de la contemplation, la célébration de la nature, de toute une série d'activités s'inscrivant en faux contre la production industrielle.

La scène inaugurale de *Dans les forêts de Sibérie* se passe devant un linéaire de supermarché. Quel type de ketchup emporter pour trois mois dans l'isba du lac Baïkal ? La préférence ira à la version « super hot tapas » de la marque Heinz – assortie de ce commentaire : « J'en prends dix-huit bouteilles : trois par mois. Quinze sortes de ketchup. À cause de choses pareilles, j'ai eu envie de quitter ce monde. » Depuis cet instant, l'adhésion à la démarche de l'écrivain-voyageur le plus célèbre de France n'a cessé de se développer. Voilà un modèle à suivre dit notre société, quelqu'un qui fait des tas de choses, pas du tout un passif, ni un simple contemplatif, un homme fidèle à qui sont envoyés des messages, du vrai *calling* (et non des alertes sur son portable) : le monde, la nature, la panthère des neiges, l'écriture, la vie.

Aujourd'hui, je remarque souvent de manière empirique combien les parents ont pour leur enfant le désir de cet appel. Ce n'est plus la grande école qui fait envie mais l'école buissonnière. Loin du célèbre « passe ton bac d'abord », ils attendent la phrase adolescente qu'emploient systématiquement les *people* les plus en vue quand on les interroge sur leur parcours : « J'étais nul à l'école, je ne pensais qu'à faire des gâteaux, à dessiner des meubles, à explorer des glaciers, à partir en fusée... »

La valorisation de l'Appel n'a jamais été aussi bien rendue que par Martin Luther au début du XVIe siècle. Ce moine allemand, chargé d'établir une version des Évangiles dans sa langue et non en grec ou en latin, avait le désir d'employer des mots du quotidien. Lorsqu'il a dû traduire la lettre que Paul – ex Saul –, converti sur la route de Damas, adresse à ses concitoyens romains pour qu'ils rejoignent le groupe, Luther se dit que le partage d'expérience va les convaincre. On est à l'est de l'Allemagne dans les années 1530, le public concerné est constitué de brasseurs de bière, de fermiers, de tisseurs de vêtements, de constructeurs de charpente... Pour leur faire comprendre que Dieu les appelle d'une manière nouvelle, qu'il n'est pas seulement le sévère juge de leurs péchés, qu'il peut être une source de dynamisme et donner sens à leur labeur, leur *arbeit*, Luther utilise un mot des artisans : « *beruf* », métier, savoir-faire. Cela leur parle, surtout que l'habile orateur ajoute à ce premier sens une deuxième valeur très mobilisatrice. Il rappelle que *beruf* est construit sur *berufen* : appeler. Il veut faire sentir que Dieu appelle chacun personnellement. Oui, mes frères et mes sœurs, affirme-t-il dans ses sermons, Dieu nous dit : Lève-toi et marche. Va accomplir ton œuvre comme j'ai fait la mienne en bossant pour créer le monde, faites comme Jésus qui menait inlassablement son ministère auprès de chacun des pécheurs et les a convaincus de se lever à leur tour.

Beruf résonne avec la beauté des chants, des vitraux, des lumières célestes.

Dieu te parle à toi, cordonnier, couturière, paysanne, chaudronnier... Il n'y a pas de sot métier, toutes ces vocations sont grandes car c'est la vocation qui l'est en soi : signe de l'élection divine, preuve que la transcendance règne sur les gestes et les techniques. Jusque-là, le travail était nécessité, labeur, peine qui fatiguait le corps, soudain il devient sacré et élève l'esprit. La *punchline* la plus convaincante de Luther était : « Travailler, c'est prier deux fois. »

La formule est fondatrice. Avec elle se marque une rupture culturelle. La différence est spectaculaire avec la conception catholique qui régnait jusqu'alors : si le corps souffre au *tripalium*, l'âme sera sauvée. La croyance générale était que les œuvres terrestres rachetaient les péchés si elles étaient vraiment dures et faisaient souffrir. Il en fallait de la sueur et des larmes ici-bas pour acheter sa place au paradis ! Avec le premier réformateur, cette vision vole en éclats. Dieu n'est pas un dealer, il ne marchande pas. Il a donné son amour gratuitement. L'humanité a reçu la Grâce, il ne s'agit plus de se tuer à la tâche pour l'obtenir. Luther ne veut pas de ce travail-torture, cette chose inventée par les moines du Sud, italiens ou français. On le dit austère, c'est peut-être tout simplement parce qu'il n'aime pas les petits arrangements avec la loi.

C'est dommage qu'il n'ait pas connu le français. Il aurait pu peut-être utiliser « métier » qui désigne une habileté de la main (avoir du métier) tout en comprenant une pincée de religiosité. Le *ministerium* est en effet le travail de toute personne au service d'une croyance – Jésus par excellence qui est souvent décrit « en son ministère » –, ce qui ne signifie pas, comme je le croyais enfant, qu'il travaillait, comme mon propre père, en tant que conseiller dans le cabinet d'un ministre de la République.

Cette vision de la profession comme profession de foi est si différente des croyances convenues du début du XVIe siècle en Europe qu'elle produit une révolution des mentalités. Celle-ci sera poursuivie, et dans notre langue, par Calvin. Ce juriste posera les bases de la nouvelle morale du travail : la plus belle des « besognes », la meilleure réponse aux besoins humains, besoins de pain, de toit mais aussi de transcendance. Aussi triviale soit-elle, cette besogne a une noblesse : une valeur supérieure venue de la Grâce accordée à l'humanité par Dieu. Comme si l'Homme avait déjà été sauvé et gratifié et n'avait plus qu'à travailler pour en remercier le Ciel. On pourrait dire que la Réforme est ce moment historique où se renverse l'adage banal et où l'on se met à penser que tout *salaire* mérite travail.

Beau changement de perspective ! La Réforme, dont Hannah Arendt faisait un événement aussi fondateur que l'invention du télescope, doit être lue comme une révolution du monde du travail. Celui-ci était punition, il devient élévation.

La Réforme en France n'a pas marqué autant les esprits que dans le monde anglo-saxon. Elle n'a changé la face du travail que pour une minorité de Français devenus huguenots et souvent contraints de s'exiler. Le travail a gardé majoritairement sous nos cieux la dimension suppliciante qu'il avait depuis des siècles – on ne change pas les grands récits en un jour.

Il faut remarquer *a contrario* que, dans le monde arabe, au cours de la même période la vision du travail se rapprochait de la sacralisation protestante. L'étude de la sociologue française Katoum Touba dresse un comparatif inédit entre les différentes versions du monothéisme. Dans l'islam comme dans le judéo-christianisme, le Dieu unique est travailleur. Ce qui distingue les trois religions du Livre concerne le travail humain. Punition dans l'Ancien Testament et le premier christianisme, il est une bonne action dans l'islam comme dans le second christianisme, le réformé. De nombreux *hadits* rappellent en effet le travail « comme un devoir sacré au même titre que la prière ou le jeûne ». Produire des richesses constitue un acte pieux. Seules l'usure – s'enrichir en dormant – et l'oisiveté sont fautives. La chercheuse rappelle plusieurs formules imagées du Coran : « Le feu ne touchera jamais une main qui travaille car Dieu aime cette main. » Ou : « Ô vous les hommes, entreprenez les œuvres que vous pouvez supporter car Dieu ne se lasse pas et c'est vous qui vous lassez »...

Elle fait remarquer également, en y voyant un lien avec le protestantisme rationnel décrit par Max Weber, combien les penseurs musulmans du VIIIe et IXe siècle tenaient à ce que soient respectés les calculs des prêts ou des taxes permettant les investissements. Après tout, cette tradition avait inventé l'algèbre et importé d'Inde le système décimal. De la mystique et de l'arithmétique, le mélange semble porteur pour fonder le travail comme source de richesse, en toute moralité.

La nouvelle éthique du capitalisme

C'est à une reprise de cette pensée capable de donner au travail une valeur agréée par le Ciel que l'on assiste fondamentalement dans le monde actuel. En particulier du fait de la prise de conscience écologique. Faire pousser des légumes, fabriquer des fromages et des viandes de manière plus qualitative que quantitative, créer des moyens de mobilité qui s'inscrivent dans la nature sans l'abîmer, c'est selon l'expression consacrée « respecter le Vivant », autrement dit la Vie, autrement dit – pour certains – Dieu. Certes, il ne s'agit plus du Dieu classique – vieux monsieur à barbe blanche qui alterne les ordres et les pardons. Il est devenu Gaïa ou Mère nature, grande bienfaitrice qui dans sa géniale perfection nous comble. C'est elle désormais qui commande et qui appelle. C'est elle qu'il s'agit de célébrer, voire de restaurer dans sa pureté. De servir sur le temps long, le durable, l'éternel.

La Réforme avait déjà amorcé cette durée du très-long, que nous nous redonnons aujourd'hui : fin des moteurs thermiques en 2035, réchauffement climatique maîtrisé pour 2100... Ce n'est pas un hasard si Calvin, après les usuriers antiques et les inventeurs arabes des formes de calcul algébriques, a été le vrai développeur du crédit, autrement dit de la confiance en l'avenir. Pour rembourser Dieu de l'apport fait à l'homme « gracié », il faut de longues années de labeur au travailleur. Il doit donc compter en fonction des taux, du temps, jouer rationnellement avec de nombreuses données.

Allemand lui aussi, protestant lui aussi, le sociologue Max Weber a montré que ce mélange de rationalité calviniste et de croyance luthérienne dans l'appel divin était un socle solide, parfait pour tenter fortune dans le Nouveau Monde. Il a donc vu dans les protestants de certaines sectes allemandes ou françaises les pionniers du capitalisme. Il est passionnant de relire aujourd'hui son célèbre ouvrage *L'Éthique protestante et l'Esprit du capitalisme* car il résonne parfaitement avec l'évolution morale du monde du travail. Ces thèses, retravaillées par de nouveaux sociologues, qui font la part entre les préjugés d'époque et la réalité des faits, permettent de comprendre l'importance accordée à ces nouveaux services créés dans les entreprises et les organisations publiques, qui sont nommés RSE pour « responsabilité sociale et environnementale », traduction de l'anglais ESG pour *Environnemental & Social Gouvernance*. L'urgence (si l'on veut à terme sauver la planète et dans l'immédiat recruter, vendre et fidéliser) est de reprendre le fil de cette « éthique » réformée du XVIe siècle et de dénoncer grâce à elle les dévoiements du capitalisme contemporain.

À la pause-café de l'atelier du Tripalium, Leïla, cheffe du service RSE, me glisse émue : « Quand vous avez cité ce livre, je me suis souvenue d'un cours passionnant à Science Po, je ne l'ai pas ouvert depuis, il faut que je le relise… » Relire, oui, sur le verbe *relegere*, étymologie de « religion », mot qui en a une deuxième, formée cette fois sur le verbe *religere*, relier. Relier et relire voilà ce que fait la religion. Nous relier et relire notre héritage culturel, voilà deux grands besoins actuels. Bien d'accord, la religion n'est pas la mystique, ni le fanatisme. La conversation avec Leïla s'anime. Oui, la religion a été inventée par les hommes pour se donner la main dans la tourmente, pour se fixer un but – un *purpose* –, pour répondre à une libido dont on parle moins que la sexuelle, mais qui est tout aussi puissante, *libido sciendi*, désir de comprendre, de croire, d'expliquer. Dieu n'est qu'un avatar anecdotique de ce besoin fondamental.

Dans le monde européen des années 60, les gens se disaient croyants mais non pratiquants (ils se mariaient à l'église et accompagnaient leur maman à la messe de minuit). Aujourd'hui, c'est l'inverse qui se joue. De nouvelles et nombreuses pratiques sont vivantes : médiation, célébrations (de mariages, d'enterrements, d'enterrement de vie de célibataire...), aides aux malades, aux personnes âgées, aux enfants en difficulté scolaire, chant choral, atelier d'écriture poétique... La France se croit prémunie contre cette religiosité car elle a inventé la laïcité, mais c'est refuser de voir les besoins humains fondamentaux qui sont en petit nombre mais très actifs : besoin d'amour, besoin d'espoir, besoin d'altérité, besoin d'au-delà du réel.

Le philosophe Baptiste Morizot, pour nous alerter sur la nécessité de prendre part à la grande Réforme écologiste en cours, tient ces propos : « Protéger la nature, ce n'est pas prendre en charge de manière surplombante une altérité, un dehors pensé comme temple vulnérable, passif, impuissant, c'est aviver les braises d'un feu multiforme, qui nous constitue, dont nous sommes un visage, et qui se construit et se reconstruit sans cesse par ses puissances propres, et ce faisant nous abrite et nous donne la vie. » Son style relève clairement, comme celui de nombreux nouveaux chercheurs en sciences humaines, du registre religieux alors que son propos ne l'est pas dans l'intention.

Le monde du travail, surtout le monde de l'entreprise privée, est également dans ce cas. Le concept d'« entreprise à mission », inscrit en 2018 dans le Code du travail, fournit de bons exemples de ce registre néo-religieux qui tente de reconstruire l'éthique du capitalisme. Ainsi, dans l'entreprise bien connue Danone, voici comment les choses sont présentées : « La raison d'être de Danone est d'"apporter la santé par l'alimentation au plus grand nombre". » Phrase qui permet de poursuivre plus concrètement : « Nous intégrons dans nos produits et services les dimensions culturelle, sociale, émotionnelle et physiologique liées aux habitudes alimentaires locales. »

De même, L'Oréal affirme : « Notre raison d'être : Créer la beauté qui fait avancer le monde. »

C'est dans un tel contexte ambitieux et vertueux que la question de la vocation individuelle se pose. Depuis le XIXe siècle, elle s'est traditionnellement incarnée dans l'artiste. Toujours plus ou moins bohème, il a pu observer et admirer les révolutions industrielles de son temps – Monet peint le train à vapeur et les gares, Baudelaire fait l'éloge de la ville et de son incessante activité. L'évolution des choses a rapproché les deux mondes. Désormais, la vocation, même si elle reste liée à la créativité, aux arts visuels, au design, concerne aussi des travaux concrets, des productions non artistiques. Ou non directement productives. Ainsi telle jeune ingénieure ayant entendu l'appel de l'océan décide de se dédier à la pêche aux déchets, tel jeune médecin répond à la nécessité de soigner des personnes migrantes, etc.

Fort heureusement le *beruf* mystique de Luther n'est plus à prendre au pied de la lettre. Nous pouvons le garder comme simple source d'inspiration pour montrer que les travaux et les jours nécessaires à la longue marche de l'humanité peuvent posséder une forme de transcendance. Peuvent « avoir du sens » comme le dit sans plus de précision – et c'est heureux – la langue courante d'aujourd'hui.

Quoi qu'il en soit, la question du travail ne peut plus s'envisager hors cadre aspirationnel et transcendant. Bien sûr, tous les emplois ne sont pas vocationnels. Mais de plus en plus de productions ont l'ambition de se penser comme réponses à un appel du sens.

RÉFÉRENCES

Max Weber, *L'Éthique protestante et l'Esprit du capitalisme*, Champs Classique, Flammarion, 2017, traduction, notes et préface d'Isabelle Kalinowski.

Sylvain Tesson, *Dans les forêts de Sibérie*, Gallimard, Folio n° 5586, 2010.

Alexis Jenni, *J'aurais pu devenir millionnaire, j'ai choisi d'être vagabond*, biographie de John Muir, Paulsen, 2020.

Keltoum Touba, *Le Travail dans les cultures monothéistes – Judaïsme, christianisme, islam de l'Antiquité au XVIIIe siècle*, L'Harmattan, *Logiques sociales*, 2006.

Baptiste Morizot, *Rallumer les braises du vivant*, Actes Sud-Wild Project, 2020.

9

Otium

Le travail comme oisiveté

> « L’oisiveté que j’aime n’est pas celle d’un fainéant qui reste là les bras croisés dans une inaction totale, et ne pense pas plus qu’il n’agit. C’est à la fois celle d’un enfant qui est sans cesse en mouvement pour ne rien faire, et celle d’un radoteur qui bat la campagne, tandis que ses bras sont en repos. »
>
> Jean-Jacques Rousseau.

L’*opus* produit l’ouvrier qui produit l’œuvre

Invitée à écouter, ce 18 janvier 2024, les résultats d’une étude de l’IFOP sur l’évolution du rapport des Français au travail, je constate que le temps réel de la vie active est court : les salariés ont en moyenne de trente ans à cinquante ans pour agir, alors même que la durée de vie s’allonge. Jérôme Fourquet et l’ensemble des intervenants soulignent la véritable révolution démographique en cours. Dans les années 80, les retraités vivaient moins de dix ans après leur sortie du monde du travail, aujourd'hui, la période avoisine trente ans : davantage que la partie intense de la vie professionnelle.

Au cours de l'un des ateliers qui suivent le rendu du sondage, et en ma qualité d'invitée-observatrice du vocabulaire utilisé, je recueille une expression qui me surprend : *déni d'œuvre*. La personne qui l'utilise, Marie-Anne Montchamp, est une ancienne députée, spécialiste de ces nouvelles frontières entre travail et post-travail.

Avec cette expression, elle entend alerter sur le fait que de nombreux collaborateurs manquent de reconnaissance de la part de leurs « n + 1 ». Leur contribution personnelle à une mission collective n'est pas dotée d'une valeur suffisante. Cette blessure narcissique peut atteindre leur santé, affirme l'experte – ce qui m'amène à vérifier que « *valeur* » et « être valeureux », c'est-à-dire bien portants (*valere* en latin), sont inextricablement liés.

« Déni d'œuvre » rappelle l'expression « déni de grossesse » – quelle œuvre plus fondamentale que de fabriquer un enfant ? On est là dans l'*opus* essentiel. D'ailleurs, « *opus* » est lui-même prolixe, donnant aussi bien « opérer », « opération », « opérationnel », qu'« œuvrer », « œuvre », « maître d'œuvre », « chef-d'œuvre », « ouvrage », « maître d'ouvrage », « ouvragé », « jour ouvrable » et bien sûr « ouvrier ». Ce terme constitue une véritable matrice de notre culture.

À partir de lui deux lignes de sens sont tracées : la première décrit des productions utiles, la seconde décrit comment tel ou tel objet se dote d'une dimension esthétique. L'utile et le fonctionnel peuvent bien évidemment se rencontrer et c'est le comble de l'œuvre. Ainsi quand Dalí aménage la salle de bains de sa femme Gala dans une sculpture en forme d'oursin au cœur de leur maison-œuvre de Cadaqués. En espagnol d'ailleurs « œuvre » – *obra* – désigne aussi bien les travaux effectués par des ouvriers, dans des bâtiments, des rues, que l'œuvre d'un artiste. Comme le remarque avec humour l'un des Dalí actuels, Miquel Barceló : « *Casi toda mi obra es un error, de una forma u otra. O diría que es más bien una suma de errores, o de accidentes.* Presque tout mon travail est une erreur, d'une façon ou d'une autre. Je dirais que mon œuvre est une somme d'erreurs ou d'accidents. »

En français, en revanche, « *opus* » ne survit plus que comme mot rare pour désigner un morceau de musique (*Sonata pour piano en ut mineur, opus 111 de Beethoven*), un livre à haute valeur artistique : *le dernier opus de Pascal Quignard est son meilleur.*

L'ouvrier quant à lui est tout en bas de l'échelle sociale, comme si l'œuvre l'avait délaissé. Si bas, qu'on peut se demander s'il n'a pas carrément disparu. Le célèbre « Travailleurs, travailleuses » de la militante d'extrême gauche Arlette Laguiller dans les années Mitterrand l'aurait-il supplanté ? Aujourd'hui règne l'expression floue « les Français » employée par les populistes de tout bord pour désigner une masse laborieuse qui ne s'organise plus en classe mais en typologie comme dans une série TV : l'employé ubérisé, la femme en horaire flexible, le sans-papiers à l'emploi-en-tension… *Exit* la longue épopée de la classe ouvrière. Et avec elle la noblesse des « gens de peu », cette aristocratie des ouvriers célébrée par les intellectuels dans les grandes années politiques.

Le verbe « ouvrer », première mouture d'« œuvrer », signifie travailler en ancien français. Manuel et modeste, ce verbe s'appliquait d'abord au bois – matière première, comme on l'a vu, du mot « travail ». « Ouvrer/œuvrer » s'est ensuite étendu au fer, à l'acier, aux matières de plus en plus industrielles. Dans les années 80, la belle chanson de Bernard Lavilliers (écrite par Pascal Arroyo) a rendu hommage aux *mains d'or* des ouvriers métallurgistes au moment où fermaient les grandes usines de Lorraine : « Je voudrais travailler encore, travailler encore. Forger l'acier rouge avec mes mains d'or, Travailler au corps, travailler encore, Acier rouge et mains d'or… »

L'industrie a souvent fasciné les artistes. Les renaissants ont aimé les miroirs, les impressionnistes les gares, les modernistes les champs magnétiques. Les plasticiens actuels font parfois de leurs ateliers de véritables *usines*, comme Anselm Kieffer, dont les avions d'acier et les livres géants en plomb nécessitent des techniques métallurgiques et l'intervention de soudeurs spécialisés. Sorti à l'automne 2023, le documentaire de Wim Wenders consacré à ce plasticien, le plus exposé au monde, le montre en train de souder du plomb sur l'une de ses installations monumentales. Ironie du sort dans notre Europe désindustrialisée depuis quarante ans – moins en Allemagne qu'en France, il est vrai : les soudeurs manquent !

Cette nouvelle étonnante nous est rapportée lors du même colloque sur le travail de janvier 2024, par un autre intervenant, le directeur des *ressources* humaines d'un grand groupe industriel. La soudure visiblement, dans notre monde digitalisé, virtualisé, reste une activité nécessaire. Et prometteuse. L'avenir sera aux soudeurs et aux soudeuses de plus en plus nombreuses. L'expert explique combien a été funeste l'erreur des années 90 consistant à croire en une « industrie sans usines » selon l'expression alors très à la mode. « On a cessé en France de former à ce métier, alors qu'il est aujourd'hui plus que jamais requis notamment pour fabriquer des batteries électriques. Où sont passés les soudeurs ? Où sont les *chevilles ouvrières* de la transition énergétique ? »

« Cheville ouvrière », voilà une belle expression que je m'empresse de capturer dans mon filet à papillons sémiologiques. Donnée en l'occurrence dans un contexte d'hypermodernité, elle est en fait médiévale. Au XIIe siècle, Marie de France, première de nos poétesses, raconte l'aventure du chevalier Guigemar parti en quête de la femme idéale. Le travail se fait voyage : le « galant » s'embarque à bord d'un bateau magique. Les voiles sont en soie, la coque est si parfaite qu'il est impossible « d'y voir la moindre *cheville* qui ne fût en ébène, la moindre soudure ».

L'oisive jeunesse pour tous

L'effacement de l'« ouvrier » et de la « cheville ouvrière » dans le discours sociopolitique des vingt dernières années fonctionne parallèlement avec le phénomène inverse : la survalorisation de l'« artiste ». Ce dernier terme est devenu extensif, on peut être désormais un artiste de la pâtisserie, de la mode, du foot ou de l'onglerie... Un phénomène avant tout visuel puisque les objets fabriqués (un plat, un vêtement, un but acrobatiquement marqué) deviennent des œuvres immédiatement instagrammables. Le critère premier de leur valeur est donc, non pas celui de l'usage, ni même de l'image (ça c'était au temps de la publicité classique) mais celui de leur *iconic value*, comme disent les spécialistes. Pourquoi pas ? Donner un petit *quantum* de beauté à tout ce qui nous entoure – biberon, baskets, rouge à lèvres, téléphone... – est agréable et, de plus, crée de l'emploi : designers, illustrateurs, décorateurs, packageurs... L'extension du domaine de la créativité et de la joliesse est en marche.

La coach-philosophe Julia de Funès dénonce le remplacement de la compétence par le talent, terme qui renvoie à cet imaginaire créatif. Il est illusoire de penser que l'entreprise recrute des « *talents* » (*L'Express*, 24 janvier 2024) alors que ce sont des êtres de chair et d'os qu'elle doit rencontrer. Le sociologue du travail Richard Sennett avait déjà souligné qu'un poids nouveau tomberait de cette façon sur les travailleurs. « La valorisation de la créativité est problématique. La plupart des gens peuvent développer un savoir-faire, mais si vous dites : “Nous voulons des personnes créatives, inventives, et pas des gens qui se limitent à être de bons travailleurs”, vous parlez le langage subtil de l'élitisme. » Lorsque, dans le monde du travail actuel, l'on se doit d'être non seulement une ingénieure ou un proviseur, un chef de produit ou une directrice des affaires publiques par exemple, mais aussi un talentueux chef d'établissement, une créative marketteuse, l'on active la supériorité de l'artiste sur l'ouvrier.

Or, c'est leur dialogue qui est intéressant. Depuis la première révolution industrielle, des années fondatrices liées à l'invention de la machine à vapeur (1769), un miroir inversé s'est établi entre le monde industriel où l'on *turbine* et le monde de l'art où l'on crée. Il est possible d'osciller entre les deux camps. Autant les encyclopédistes Diderot et d'Alembert sont fascinés par les techniques, les outils, le monde ouvrier et artisan, autant Rousseau le botaniste ou Voltaire le collectionneur de montres de luxe s'en méfient. Pour le père du *Contrat social, trimer* c'est partir se balader – vrai sens du mot à l'époque.

De même, au temps de la bohème, Baudelaire dépeint le Paris des travailleurs et des passantes affairées, tandis que Rimbaud part sur les chemins, les poches crevées, vagabond lyrique, clochard céleste, premier hippie. Le jeune prodige utilise alors un mot qu'il a piqué à ses versions latines : il s'auto-proclame le bel oisif. Il veut donner l'équivalent masculin de l'oiseuse heureuse, être lui aussi à sa façon cette gente dame de l'amour courtois, dont les blanches mains n'ont jamais travaillé.

Rimbaud a fini par quitter l'Europe et la poésie, pour voyager : son vrai métier. Avant cette bifurcation totale, il a pris le temps de refuser de perdre sa vie à la gagner, comme le clameront plus tard les affiches libertaires de Mai 68. Dans sa *Chanson de la plus haute tour*, il le chante clairement :

> Oisive jeunesse
> À tout asservie,
> Par délicatesse
> J'ai perdu ma vie.

Ce modèle artiste, poétique, a eu ses éclipses (les années 80 ont été très industrieuses) mais il a gagné. Les moins de trente ans actuels, dits de la génération Z, remettent en cause à leur tour l'obsession de la carrière. Elle a été celle de leurs parents, membres de la génération X, et ils en ont vu les résultats : désertion familiale, maladies du travail... Travailler n'est pas le but de leur vie. Leur but n'est pas clair et c'est ce qui le rend intéressant. Il est changeant : il est de s'épanouir, de développer son moi, de parcourir le monde, d'accumuler les *expériences*... Les observateurs trop rapides voient ces nouveaux accédants au monde du travail comme de grands paresseux, des enfants gâtés de la jouissance hyper-individualiste, alors qu'ils sont en fait de grands passionnés de l'expérimentation et essaient toutes sortes de métiers et d'occupations.

À l'autre bout de la chaîne des âges, les soubresauts de la société française autour de la question du droit à prendre sa retraite le plus tôt possible vont dans le même sens. Fraîchement sortis du salariat, ils sont nombreux ces nouveaux retraités à se dire « libérés » :

« Quoi de neuf, tu vas bien ?

— Oui, j'ai retrouvé ma liberté.

— Tu as divorcé ?

— Non, j'ai arrêté de bosser, c'est mieux... »

Âgés de soixante ans et un peu plus, ces jeunes candidats à la *« jubilacion »* – terme espagnol pour désigner la pension de retraite – profitent d'une véritable révolution démographique puisqu'ils ont devant eux une période quasiment aussi longue que leur vie professionnelle. La guitare électrique de leur adolescence est donc retrouvée avec bonheur, beaucoup entament l'écriture du livre qu'ils ont passé leur vie professionnelle à ne pouvoir écrire, d'autres découvrent la céramique, l'art culinaire, le kite-surf, le voyage golfique, certains prennent des cours de géopolitique, de finance privée, de biomimétisme... Si la *retraite* peut être vécue comme l'antichambre de la mort car l'agenda imposé n'est plus structurant du quotidien et est perdue la convivialité facile avec les collègues, pour d'autres, à condition bien sûr d'en avoir les moyens économiques, elle est l'occasion de renouer avec leur oisive jeunesse.

Une certaine oisiveté pour tous est donc en train de naître dans notre monde qui ne sait pas très bien s'il vit une quatrième révolution industrielle ou s'il est post-industriel par nécessité écologique. Cette oisiveté nouvelle va plus loin que ce que l'on a appelé au XXe siècle le temps libre. Elle est bien plus qu'un *loisir.* Elle exige que l'on reprenne sa richesse sémantique à la racine.

La vraie vie active est dans l'oisiveté

Étymologiquement, l'oisiveté vient de l'*otium,* notion aussi importante que l'*opus* dans le monde romain, et qui résonne avec lui. Cela ne signifie pas qu'elle en soit l'inverse et représente le non-travail. L'*otium* n'est pas le *farniente,* le rien-faire, la paresse. Son vrai contraire est le *neg-otium,* qui donnera le terme « négoce ».

Dans ses lettres à Lucilius consacrées à l'oisiveté, le philosophe latin Sénèque rappelait qu'on est dans l'*otium* quand on arrête son *occupation,* littéralement sa manière habituelle de *capter* (*ob-capere*) : de « prendre » telle ou telle matière pour la travailler. Dans l'*otium,* on ne cherche plus à produire dans le but de faire de l'argent. On suspend les affaires. Il s'agit de profiter sans faire de profit. Comme le jour du shabbat dans la tradition juive, dans la tradition antique, le jour de l'oisiveté, on ne touche pas à l'argent. L'oisiveté est *free* dans les deux sens du terme : libre et gratuite. Typiquement une promenade dans la nature qui permet de méditer sur la vie, de réfléchir à son avenir, de converser, de s'adonner en groupe à trouver des idées… Autant d'activités sans commerce, lentes, « loisir fécond nécessaire pour s'opposer à la marchandisation de la vie », comme le dit l'historien Jean-Miguel Pire dans *L'otium du peuple*.

C'est cette dimension d'activité supérieure de l'oisiveté que Hannah Arendt défend lorsqu'elle termine son livre sur la *Condition humaine*. Elle voit, au cœur de l'Amérique des années cinquante, se développer la société de consommation qui fait de l'Homme un simple employé replié sur ses plaisirs individualistes, coupé de toute *vie de l'esprit*. Dans cette période post-Seconde Guerre mondiale faite de pénurie, le but de tout travail était l'équipement, le confort contre le manque. Un séquencement du temps s'imposait : travail et loisir.

À cette dichotomie Hannah Arendt oppose la *vita activa* : la véritable vie active. Elle refuse que passent à la trappe des moments qui ne relèvent ni de la production ni du repos réparateur et permettent à l'être humain d'être éveillé au monde sans but utilitariste. Elle-même se décrit souvent allongée sur son lit, se laissant traverser par ses pensées et ses rêveries : voilà comment elle fait de la philosophie !

Le philosophe allemand contemporain Peter Sloterdijk reprend à sa façon cette vision non utilitariste et pourtant productrice : « Je fais de la philosophie chaque matin pour me désidiotiser », assure-t-il. Il rappelle ainsi l'idéal de la *sophia* antique ou le mode de vie des philosophes des Lumières, peut-être plus contemporains que les gourous du développement personnel. Comme le yoga ou la méditation, la *vita activa* peut s'exercer à tout âge, en toutes circonstances et avec comme seul matériau le contenu de sa tête enrichi au contact de la tête des autres.

Sénèque et les penseurs de son temps appelaient cela augmenter son *humanitas*, s'élever au-dessus de l'humus, le sol, la terre. Être plus humain (en réfléchissant, conversant, imaginant) et moins *animal laborans*. Être pleinement *man* et *woman*, *c'est-à-dire* dotés *du mens* latin, le mental, la faculté de comprendre.

Hannah Arendt a fait de cette activité mentale le troisième étage de son échelle : après le *labor*, le *work*, intervient ce qu'elle nomme « *action* » – en anglais et en latin. Et elle lui a donné une dimension sociale, tournée vers la société, au-delà de la sphère personnelle. Elle pensait à la vie politique, démocratique qu'elle voyait – avec une grande lucidité visionnaire – menacée par l'attention portée au travail sur soi, exclusivement sur soi. Notre époque et sa désaffection pour la politique classique lui donnent raison. La *vita activa* a – pour le moment – déserté la cité.

L'oisiveté est la meilleure arme contre les dangers de l'IA

Visionnaire sur ces questions classiquement politiques, que dirait aujourd'hui Hannah Arendt des bouleversements entraînés par l'intelligence artificielle, moteur d'une cinquième révolution industrielle ? Une seule chose est sûre pour le moment : avec son ambivalence – progrès et régressions mêlés – cette révolution va libérer du temps humain.

Libérés des tâches que les robots effectueront pour eux, les hommes gagneront en liberté d'agenda. Ils devront décider du sens qu'ils donneront à leur nouvelle oisiveté. Si l'on est optimiste (et jeune) l'on peut penser avec le philosophe Nathan Devers *qu'*« il est permis de rêver que l'intelligence artificielle, loin de nous aliéner, contribue à humaniser davantage le monde de l'entreprise. Une nouvelle répartition des tâches se dessinerait peu à peu entre les automates spirituels et leurs utilisateurs vivants. Les premiers s'empareraient progressivement des opérations les plus répétitives, ennuyeuses, fastidieuses. Les seconds n'en deviendront pas pour autant inutiles. Bien au contraire, ils pourraient mettre à profit ce vide pour en créer du plein [...] et que le travail se libère ainsi de sa triste étymologie : au lieu d'être un lieu de tripalium (torture), il devienne un théâtre de créativité ».

Si l'on est plus pessimiste et plus âgé, l'on peut craindre comme l'anthropologue, auteur du best-seller *Sapiens*, Yuval Harari que les progrès technologiques en cours produisent des *useless people* : des gens sans utilité... Terrible terme décrivant la non-employabilité de personnes qui ne possèdent pas la formation suffisante pour s'inscrire dans ce nouveau monde techno-scientifique. Dans ce cas, les *robots* auront remplacé non seulement les ouvriers mais aussi toutes sortes d'employés : celui de la banque qui calcule la capacité d'emprunt d'un client, le médecin qui appuie ses diagnostics sur des statistiques, le sémiologue qui compte de manière artisanale les occurrences de mots...

L'oisiveté se trouve donc à un moment décisif de son histoire. Soit elle n'est que l'accélérateur d'une répartition intangible entre actifs et non-actifs qui ferait de ces derniers des exclus définitifs. Soit elle parvient à prouver qu'elle n'est pas une paresse ni une longue suite de RTT, mais un temps plein : plein d'activités en train de s'inventer ou de se réinventer sur le modèle antique de l'activité de l'esprit et de l'intelligence émotionnelle. Différence avec le temps de Socrate ou de Sénèque, le simple citoyen pourrait s'y adonner à la condition bien sûr de posséder des moyens de subsistance – art de la débrouille, nouvelles formes de commerce, économie cachée ou revenu minimum universel...

Dernier signe de ce nouveau statut de l'oisiveté : un phénomène bien repéré par les sociologues et qu'ils nomment l'aspiration au LLL, *long life learning*, le désir d'apprendre tout au long de la vie. Acquérir de nouvelles compétences, découvrir des *data* émergentes, replonger dans les œuvres anciennes, chanter, lire, admirer... Penser pourquoi pas ? Après tout cette activité est très pragmatique. Elle repose sur le geste de la pesée. Penser n'est que peser beaucoup, faire de ses mains la balance des arguments, peser le pour et le contre, et peut-être voir du creux de ses paumes s'envoler une petite idée, une vague intuition, une drôle de question.

Bref, loin d'être l'extension du domaine du temps libre des années 60, l'oisiveté des années 2025 est civilisationnelle et néo-humaniste. Elle ne va pas nous laisser les bras ballants. Elle va nous fournir tout un taf amusant et sublimant.

À ce propos, petit détail linguistique qui vaut son pesant d'or. En grec oisiveté, *otium*, se disait *skolè* : école…

RÉFÉRENCES

Pierre Sansot, *Les Gens de peu*, PUF, 2002.

Miquel Barceló, interview dans le journal *Diario de Sevilla*, 26 janvier 2021.

Anselm, Le bruit du temps, documentaire de Wim Wenders, 2023.

Les Lais de Marie de France, présentés par Michel Zink, Le Livre de poche, Lettres gothiques, 1990.

Richard Sennett, *Ce que sait la main (The craftman)*, Albin Michel, 2010. Interview dans *Philosophie Magazine*, mars 2013.

Nathan Devers, article publié dans le n° 6 du magazine *Together* (Groupe IBL).

Jean-Miguel Pire, *L'otium du peuple*, Sciences Humaines, 2024.

10

Travel

Le travail comme voyage

> « La vie est assez monotone, et sans le travail, on ne saurait trop que devenir. Tu comprendras plus tard, si tu ne l'as compris déjà, que le travail est tout, et si tu veux jamais avoir l'indépendance, c'est à lui qu'il faudra la demander. »
>
> Jules Verne.

La plus belle métonymie du monde

Dire que le mot « travail » vient de *tripalium*, c'est nous faire vivre sous le règne d'une puissante métaphore. Deux images se rapprochent, se posent l'une à côté (*meta*) de l'autre et se contaminent. Nous voyons dès lors toute action – labourer, tisser, fabriquer un pot, mettre au monde un enfant – comme une torture. Le pal à trois pics s'enfonce en nous, créant notre fatigue, notre pénibilité, notre maladie du travail. Ce rapprochement est idéologique, s'inscrivant dans la longue tradition qui voit le labeur comme la punition d'une faute.

Le péché originel, le vrai, serait moins d'avoir croqué la pomme que d'avoir cessé de profiter des fruits de l'abondance divine. Au paradis, comme dans le jardin de l'Âge d'or des Grecs, les mortels n'ont rien à faire. Les dieux assurent la subsistance, les hommes n'ont qu'à se baisser pour cueillir et manger. Leur refus – biblique ou mythologique – de se contenter de jouir de ce congé perpétuel reste le plus grand mystère du monde. Il faut croire que le travail miroitait au loin, plus séduisant encore que le sexe ou l'argent...

Dans le rapprochement entre « travail » et « voyage », un tout autre mécanisme psychique s'opère. Pour bien le voir, il faut passer par l'anglais. Le mot *travel* contient l'explication. Je me souviens de ma surprise lorsque j'ai lu, durant la période du Covid qui nous interdisait le moindre voyage au coin de la rue, que ce terme avait été emprunté à l'ancien français *traveilh.* Les Anglais ayant occupé l'Aquitaine de 1152 à 1453, tout au long de la guerre de Cent Ans, cela avait du sens. Le fameux morceau de bois de soutien, les fameuses *trabes* latines, avait été familier probablement aux cavaliers d'outre-Manche devenus aquitains. Ils avaient bien connu le *trabalh*, la machine du maréchal-ferrant, puis par dérivation les divers instruments agricoles et vinicoles que le mot avait désignés. Mais ce sont les lattes de bois qui formaient les coques de leurs vaisseaux qu'ils ont retenues. De la trave au *travel*, il n'y a qu'un pas de marin.

En anglais, voyager à pied se disait, et se dit encore : *to wander*, sur le mot *wind*, vent. On marche alors le nez au vent. Voyager en bateau va se dire *to travel* par allusion à cet élément hautement culturel qu'est le bois travaillé. La langue de Shakespeare rend là hommage à ceux qui ont eu l'idée – l'une des plus anciennes de l'humanité – de tailler la solide matière recueillie dans la forêt pour la transformer en objets utilitaires. Dans la navigation, le tronc d'arbre devient facilement une barque, avant de prendre des formes de plus en plus sophistiquées. Tout un travail s'envisage à partir d'un élément de départ : la poutre qui devient poutrelle, qui devient pont, qui devient coursive, qui devient coque, qui devient bateau entier. L'imagination linguistique s'enflamme et se propage. Elle ne cherche plus l'analogie mais la contiguïté. L'esprit passe vite d'une idée à l'autre. On coupe un morceau de *trabs* dans la forêt et un jour on se retrouve sur le pont d'un bateau qui prend le large.

La différence entre la métaphore et la métonymie est évidente lorsque nous parlons de notre habitat – lieu aussi fondamental que notre nourriture. S'il est un « nid douillet », un cocon dans lequel on se love le soir pour s'en envoler le matin, deux objets sont rapprochés : l'appartement réel et le petit abri de brindilles qui est sur l'arbre, l'Homme et l'oiseau. Si, en revanche, quelqu'un parle de son habitation comme de son « foyer », son cerveau étire l'image initiale jusqu'à en faire l'image totale. La cheminée, le coin du feu finissent par désigner tout le lieu auquel ils appartiennent. Du détail est né le tableau tout entier. C'est exactement cela la métonymie. Et c'est exactement cela lorsque le voyage s'imagine à partir d'une partie de cette partie du bateau qu'est la coque en bois, et, dans cette partie, la plus petite d'entre elles qu'est la *trave*.

Cette logique de la partie au tout n'a évidemment pas commencé avec Henri Plantagenêt, seigneur britannique épousant Aliénor d'Aquitaine au milieu du XIIe siècle. Le voyage de *travel*/travail est inhérent à l'histoire humaine. Les Romains sont allés en Chine dès le IIIe siècle avant Jésus-Christ, rapportant ces merveilleuses perles qui ont fondé le tout premier *luxe* européen.

Les échanges internationaux n'ont pas attendu les avions. Le grand voyage antique est conquérant, premières colonisations qui font que les rives de la Turquie par exemple sont grecques ou romaines : route des épices et des ors.

Les empereurs Ming ont dès le XIVe siècle mené de grandes expéditions vers l'Afrique dans l'océan Indien sur leurs jonques de bambou – ce bois de l'Extrême-Orient –, tandis que les navigateurs arabes commerçaient dans tout le golfe Persique. De l'autre côté du globe, les grandes découvertes à partir des royaumes d'Espagne et du Portugal ont organisé des voyages d'affaires bien loin d'être pacifiques. Pour le conquérant *workaholic* qu'était Napoléon, il est clair que la guerre était un voyage, et que ce voyage était un travail. Un énorme taf – ce mot n'étant pas encore argotique.

Le travail voyageur n'est donc pas idyllique. Le reprendre aujourd'hui n'est pas le montrer en exemple, mais plutôt, en triant le bon grain (l'esprit de curiosité) de l'ivraie (la violence conquérante), nous aider à considérer le travail sous un jour dont notre époque en tempête, en grande transition, peut avoir besoin. Nous ne devons pas nous priver de la dynamique porteuse qui se trouve dans le *travel*, le *travelling* maritime qui a su, il y a bien longtemps, utiliser les bons vents de l'Histoire.

L'image torturante du *tripalium* vole en éclats si nous replaçons la *trave* dans la *nave*, le bois de soutien dans la cale du bateau. Comme dans ces vidéos anamorphiques créées par l'intelligence artificielle, une magnifique et odorante boiserie nautique remplace l'outil torturant. On perçoit les traces de la forêt, ses zones humides et son humus de fougères. L'assemblage parfait est assuré par une multitude de chevilles ouvrières, minuscules et essentielles gardiennes de la navigation au long cours. Le bois va travailler durant la traversée, l'ensemble doit être assez solide pour rester en mer des mois entiers.

Cette magnifique métonymie m'a valu une forme de réconciliation avec le dirigeant de l'entreprise organisatrice de l'atelier du Tripalium. Thomas, comme il l'avait précisé lui-même « voileux et HEC et dans cet ordre », était resté méfiant tout au long de ma présentation. Capitaine Haddock boudeur. *Des moments intéressants mais sans vraie opérationnalité,* avait-il griffonné sur le post-it demandé à chaque participant pour évaluer la journée.

« C'est magnifique cette idée que le travail ne vient pas d'un pal à trois pics mais d'une coque de bateau.

Là vous m'avez convaincu... Je vois mieux que ma vision du dirigeant comme chef de bord est fondée. J'aime fixer le cap et vérifier que les équipes font bien leur quart.

— Oui, c'est vrai Thomas, la métonymie est fertile. D'ailleurs "gouverner" vient du "gouvernail" et le gouvernail est l'outil de bois qui permet de barrer, d'éviter les écueils, et donc d'explorer des terres inconnues et de ramener l'équipage à bon port. Cerise sur le gâteau, ou pompon sur la casquette du matelot, "travail" et "gouvernail" ont en commun leur suffixe – *ail*, venu du verbe « agir » en latin. C'est un petit booster sémantique qui donne à la *trave* de bois l'énergie de prendre la mer.

— Vous me confirmez donc que le management est un art nautique?

— Oui, mais sous conditions.

— Lesquelles?

— Regarder des séries TV. »

Le nouveau dirigeant est dans les séries TV

Qu'il soit policier ou illégal, médical ou juridique, industriel ou artisanal, dans les séries TV le travail est très souvent le héros principal. Monde des flics, des médecins, des avocats, des publicitaires, des croque-morts, des maffiosi, des Vikings, le corps de métier change, mais le *business* reste le même: agir ensemble en groupe pour résoudre un problème et sous la houlette mobilisatrice d'un chef ou d'une cheffe.

Les séries constituent un parfait révélateur sociologique. Telles des athanors alchimiques, elles passent dans leur four le réel du moment et le subliment en aventure narrative. La bifurcation contemporaine qui règle désormais les carrières est depuis longtemps leur principal moteur narratif. Exemple emblématique : dans la série *Breaking Bad*, le bien nommé mister White, ordinaire prof de chimie, se transforme en fabricant d'héroïne pour payer sa chimiothérapie. De même dans *Weeds* (l'herbe des joints), une femme au foyer devient dealeuse quand elle se retrouve veuve avec deux enfants à charge.

De manière générale, l'ascension sociale, tout particulièrement celle des femmes, est essentielle dans ces histoires qui annoncent l'Histoire. Dans la série *Mad Men* qui raconte l'épopée d'une agence de publicité dans les années 70, la jeune stagiaire brille finalement comme la créative la plus inspirée – non sans subir dans l'ascenseur social ou sur le canapé d'un bureau la violence sexiste. Dans la série *Suits*, consacrée à la destinée d'un cabinet d'avocats, c'est la secrétaire du patron qui dans le dernier épisode devient la grande boss : tout en lui prenant sa place, elle l'épouse. *Very very happy end.*

La série est une forme parfaite pour notre époque. Elle crée des lieux de convergence qui, dans le réel, se délitent : la famille, le bistro, le bureau, la maison du peuple, le palais présidentiel. On y va d'autant plus qu'on est seul sur son canapé. Les êtres que l'on y retrouve sont assez archétypés pour que, comme devant un linéaire de supermarché, l'on ait le choix des identifications : la mère de famille débordée, le Viking brutal, la brillante chirurgienne, le maffioso névrosé, la jeune fille mariée de force, l'avocat fraudeur, la juge suprême, l'étudiante obligée de faire des ménages, le psy-sorcier qui sauve les âmes, la jeune Américaine en voie d'être parisienne...

Tous les aspects du rapport au travail y passent depuis la série fondatrice *The Office* (2005) qui décrivait au quotidien la vie de bureau : le vivre-ensemble, les peaux de banane, les sadisations, les dominations, les vexations, les revanches, les amours comme les haines et bien sûr la réussite et les échecs.

Suivre ces péripéties du labeur, toutes ces façons de produire, fabriquer, gagner sa vie, dominer ses concurrents, faire fortune ou faire faillite, dilapider l'héritage ou le faire fructifier, c'est mettre le travailleur-spectateur en lien avec toutes sortes d'« ego expérimentaux », comme disait Milan Kundera. On peut être plusieurs personnes selon les épisodes, s'intéresser à différentes carrières selon les saisons, rejoindre toutes sortes d'équipes, de groupes, d'unités de production. La solitude si répandue actuellement, qui fait consommer tout seul chez soi toutes sortes de produits, dont les séries, prend soudain fin. Le ou la fan d'une série y échappe puisqu'il ou elle intègre en imagination un lieu d'apprentissage. Un lieu fictionnel et fonctionnel bien sûr. Un lieu apprenant qui montre comment diagnostiquer une maladie rare, écrire une magnifique plaidoirie, proposer à un ennemi un contrat véreux qu'il ne pourra pas refuser, se consoler, aimer malgré tout. Une pédagogie à large spectre est offerte à qui veut vivre au mieux dans une époque de cabosse en tout genre.

Le dirigeant, la dirigeante est au centre du récit. Aucune série sans un de ces *leading character*, selon le terme métier des scénaristes. Qui *leade*? Qui conduit l'histoire?

Leader, le mot est très physique. *To lead* c'est produire un mouvement ascensionnel du corps. C'est exprimer un allant qui donne de l'élan aux autres. Le dynamisme du leader est contagieux. Comme le guerrier grec qui reçoit son *ergon* des mains des dieux, le leader est porteur d'une énergie spéciale qui catalyse celle plus ou moins blessée des autres. Il constitue un très bon modèle pour aider à comprendre ce que le monde du travail nomme, en termes maritimes, la gouvernance.

Le modèle traditionnel du gouvernant se fondait sur la *gravitas* antique des Apollon fondateurs, la force tranquille d'un Moïse qui sait où il va et qui ouvre le chemin devant son peuple. Le modèle actuel est profondément ambivalent: à la force s'ajoute la vulnérabilité. Ce contre-discours était déjà présent bien sûr chez les héros légendaires, mais il fallait être Jean-Pierre Vernant ou Pascal Quignard pour s'y intéresser et vendre la mèche: Ulysse n'avait pas du tout envie de partir à la guerre, il a fallu le supplier, il aurait voulu rester auprès de Pénélope, de leur fils, de son chien. Delphine Horvilleur, rabbin qui fait du rab, a enfoncé le clou : Moïse bégayait, Jacob était boiteux, nul n'est prophète en son pays s'il ne dit pas quelque chose de l'universelle difficulté à vivre.

En ancien anglais, *lidan* signifie déjà voyager, au sens de faire la course en tête. Prendre le *lead*. Victor Hugo contribue à importer le terme en faisant de son *Homme qui rit*, écrit à Guernesey, un *leader de la canaille*. C'est surtout Jules Verne qui dans *Les Enfants du capitaine Grant* publié en feuilleton de 1862 à 1868 définit le terme. Un leader est un capitaine qui mène bien sa barque. Il mobilise et organise le collectif.

Aujourd'hui, ce sont les séries qui nous renseignent le mieux sur ce nouveau leader, qui n'est plus tout à fait un chef car il sait hybrider son pouvoir, le partager, le féminiser. L'une d'entre elles en est l'exemple parfait : titrée *New Amsterdam* – nom fictif de Bellevue Hospital, l'un des plus vieux hôpitaux de Manhattan connu pour avoir réalisé un exploit collaboratif : une série de greffes en vingt-quatre heures chrono –, elle s'articule sur le type de management que pratique Max Goodwin, le médecin-directeur :

« Ah bon ? Je regarde jamais de série, je laisse ça à mes enfants et à ma femme, elle aime bien se vider la tête devant ce genre de choses…

— À mon avis, Thomas, elle doit déjà être sous le charme de Max, surtout que vous m'avez dit que votre épouse dirige elle-même un gros service de cardiologie. »

Max, le généreux au service du Bien, est tout le contraire d'un superman. Il est lui-même traité pour un cancer – bien sûr, il tombera amoureux de sa superbe oncologue qui refuse l'amour car elle se consacre à sa carrière –, a perdu sa femme, élève seul sa fille encore toute petite, et défend mordicus la dimension humaniste de l'hôpital contre ses actionnaires âpres au gain. Il travaille encore plus que ses collaborateurs et se présente à eux toujours ainsi : Qu'est-ce que je peux faire pour toi ? (*How can I help ?*) Phrase digne du *Lève-toi et marche* christique.

Désirant aider plus que commander, il est un directeur-collaborateur, un dirigeant collaboratif. Il veut faire sa part. Son quart.

Une nouvelle figure : le travailleur-voyageur

Cela tombe bien car notre époque se voit comme un grand voyage chaotique. La transition est une grande traversée entre deux mondes, aussi épique que *Vikings* ou *Game of Thrones*. La « transition » prend toutes sortes de formes, comme si un long *travelling* sémantique nous entraînait de la transition énergétique à la transition industrielle, de la transition démographique à la transition démocratique et vice-versa, le parcours restant heurté et changeant souvent de but. Le préfixe *trans* en est la cheville ouvrière, inscrite au plus intime des parcours personnels (transfuge de classe, transgenre).

Pourquoi pas ? La question se pose tout de même : une seule époque dans l'Histoire a-t-elle échappé à ce sort ? N'est-il pas dans la nature de toute époque d'être transitoire ? L'image de la « cité » comme un bateau dans la tempête est d'ailleurs à la source de la pensée occidentale. « Gouverner », « gouvernail », « gouvernement », tous ces mots sont indissociables. Ils sont au cœur du langage maritime. Vivre ensemble c'est traverser. C'est aller de Charybde en Scylla parfois, dans le déluge, comme Noé et sa famille. Mais c'est aussi s'élancer et prendre le large, au propre comme au figuré, action tout aussi nécessaire à l'Homme, depuis qu'il est sédentaire, que manger et s'abriter.

Dans le monde du travail contemporain, la métaphore est encore extrêmement présente. Il existe sur le bateau-entreprise des passerelles, des ponts pour exercer des fonctions transverses, pour bifurquer au cours de son parcours. Les collègues sont des coéquipiers, et l'équipe se dit, dans la langue *globish*, *crew*, équipage (et non *team*, qui est réservé au sport). Dans leadership, il faut entendre *ship* : le navire.

Notre langue, très sexuée, introduit le genre : le leader doit aujourd'hui composer avec la « leadeuse ». De nombreux conseils sont donnés aux femmes pour développer leur leadership. Elles doivent avoir de l'envergure et mettre du vent dans les voiles.

« Merci à tous, chaque participante, chaque participant a fait sa part. Son quart. »

Thomas clôt la journée avec sa métaphore personnelle. Inès, que l'on n'a guère entendue au cours de la journée – peut-être parce que sa formation d'astrophysicienne lui semble un fardeau inutile depuis qu'elle a bifurqué dans l'agro-alimentaire –, glisse discrètement un dernier détail à ses collègues, « pour la route »: la NASA a nommé son dernier programme *Artemis*. La déesse de la nature sauvage, patronne de ces femmes nomades et puissantes, paraît probablement plus armée pour affronter les difficultés que le paisible Apollo. Surtout s'il faut aller sur Mars, comme le pensent les grands capitaines d'industrie américains, adeptes du transhumanisme.

Dans la société en général, dans notre monde lancé sans vraiment de but, le voyage transitionnel paraît bien périlleux. Le monde du travail a le grand avantage d'en fournir une version plus rassurante: concrète et délimitée. Chaque entreprise, chaque groupe, chaque acteur exécutant peut monter sur le pont. Parfois, bien sûr, c'est la galère. Mais c'est toujours l'occasion de rejoindre un trajet. Le télétravail fait jouer son préfixe, *teleos*, qui veut dire loin, et de jeunes ingénieurs/surfeurs ou directrices/cultivatrices opèrent souvent loin des sièges sociaux...

L'*Homo faber* démontre aujourd'hui qu'il est également, et depuis la Préhistoire, un incorrigible et indéfectible *homo viator*. Homme itinérant, migrant, en chemin. La réflexion d'Edgar Morin durant l'épidémie du Covid en était un signe. J'ai envie de voir la suite, semblait dire le philosophe qui a traversé les époques, comme s'il se tenait devant une série à suspense. « Le grand voyage de l'humanité continue », il y aura d'autres saisons.

Dans le monde occidental, l'homme voyageur n'est ni un dieu ni une déesse. Ni un héros ni une amazone.

C'est Odysseus, Ulysse. Celui qui se nomme « personne »: *Nemo* en latin. Comme le fameux capitaine de Jules Verne. Comme le chef maffieux de la série espagnole *Permis de vivre (Permiso de vivir)* qui dirige en sous-main – et malgré sa maladie d'Alzheimer – un port de Galice par lequel transite la drogue sud-américaine – travail illicite et blanchi par l'époque actuelle.

Nemo signifie « personne » puis la personne puis le personnage. C'est-à-dire tout le monde. Nous. Chacun de nous.

Chaque personne qui travaille. Qui expérimente son métier et, à travers lui, le métier de vivre – le plus complexe et le plus aventureux. Le travailleur a tout autant que l'explorateur, le trimeur, l'écrivain le droit de s'accoler cette qualité voyageuse.

Le travailleur-voyageur ne fait plus beaucoup de voyages d'affaires – et c'est heureux pour la planète. À la place, il bouge en prenant toutes sortes de visages, en négociant toutes sortes de virages. Libre et dirigée, indépendante et reliée, moderne et ancestrale, cette incarnation contemporaine du travail s'avance. Devant elle, s'ouvrent les nouvelles routes du labeur, du *work*, de l'énergie, de la création…

RÉFÉRENCES

Georges Dumézil, *Mythe et épopée*, Gallimard, Quarto, 2021.

Émile Benveniste, *Le Vocabulaire des institutions indo-européennes*, Minuit, 1969.

Eric Manheimer, *Vie et mort à l'hôpital Bellevue*, L'Archipel, 2021, traduction de l'anglais Sebastian Danchin.
Delphine Horvilleur, « L'art féminin de l'exégèse », *Études*, n° 4269, mars 2020.

En guise de conclusion

Une boussole pour la route

« Le travail met le travailleur au centre d'un univers et non plus au centre de la société. »
Gaston Bachelard.

Le lecteur aura compris que, pour écrire ce livre, j'ai tenté d'imiter le *curator*: cette personne qui, dans le domaine de l'art contemporain, prend soin, a le sens du *care* culturel (*cura en latin*) et propose un parcours entre des œuvres choisies lors d'une exposition. La sélection répond alors à la pertinence d'un critère arbitraire comme tous les critères. Le mien a été la valeur positive des termes que j'oppose au travail-torture. Avec comme deuxième exigence que ces mots travailleurs soient capables de relier la surface de l'air du temps contemporain et la profondeur du patrimoine. Le but de ma démarche n'étant pas l'exhaustivité mais la représentativité. Le désir de faire apparaître quelques surprises chemin faisant.

Dans ce cadre, l'étymologie ne constitue pas du tout une vérité gravée dans le marbre. Elle nous intéresse bien plutôt comme une description des voies imaginaires empruntées par le mot pour arriver jusqu'à nous. Il nous faut la prendre comme une lumière éclairant de biais nos images mentales. Une façon d'attirer notre attention sur la manière dont des esprits très antérieurs à nous ont imaginé ce qu'ils faisaient en labourant, en façonnant, en construisant, en tissant, en forgeant, en prenant la mer... Car il est frappant de constater que le travail n'a jamais constitué exclusivement une activité, qu'il s'est toujours accompagné de discours. Pas de travail sans récit du travail. À la praxis s'est toujours ajouté le logos. Explications, modes d'emploi, recettes, prescriptions, moralisations, dénonciations, autres figures de style et de pensée qui se situent dans le symbolique. Et puis surtout, registre de l'imaginaire qui bat son plein pour accompagner les gestes humains. Créons-nous comme le dieu de la Bible tout un monde, tout un projet ? Sommes-nous à la mine ou dans l'atelier ? Au grand air ou propulsés carrément dans l'espace ? Mettons-nous le turbo ou retrouvons-nous la lenteur des savoir-faire ancestraux ? Tout est possible, et nous semblons liés au travail pour le meilleur et pour le pire. Depuis toujours et pour toujours, y compris s'il prend dans le futur la forme de l'oisiveté intelligente.

Dans notre société aujourd'hui, fortement elle-même travaillée par la prise de conscience écologique et la montée des aspirations individuelles au bien-être, le travail est surveillé comme l'huile sur le feu. Est-il un lieu d'épanouissement ou de souffrances, d'émancipation ou de harcèlement, de lien ou de solitude, d'inclusion ou de discrimination ? Véritable concentré de la société tout entière, il représente emblématiquement notre époque et sa fluctuante échelle de valeurs.

Quand le travail n'est que subi, il est capable de mettre des milliers de gens dans la rue, craignant que des années supplémentaires les rapprochent de la toute dernière retraite et du repos éternel. Quand, à l'inverse, il est bien vu, il brille des mille feux des progrès actuels : techniques et éthiques. C'est par son travail (dans l'entreprise, le service public, le secteur associatif, le bénévolat, le temps libéré par l'IA...) que l'individu du XXIe siècle entend donner du sens à sa vie tout en contribuant à rendre ce monde meilleur – selon la traduction de l'expression américaine passée de la religion au management : *bettering the world.*

Loin de moi l'idée de vanter les bienfaits du travail comme le font les moralistes de l'effort ou de le dévaluer comme le font d'apparents hédonistes. Mon but avec cette analyse sémantique de l'écosystème de « travail » a été d'ouvrir les angles de réflexion en multipliant les points de vue : et si nous éclairions le travail autrement ? Si nous troquions les images éculées de la doxa pour d'autres visions, plus cachées, plus surprenantes, parfois oubliées, souvent dédaignées ?

Si nous structurons le corpus des images réunies dans les dix chapitres précédents, un axe vertical peut aller des mots qui parlent du corps à ceux qui parlent de l'esprit : dynamique de l'incarnation opposée à celle de l'élévation. Le *tripalium* nous place dans les souffrances physiques alors que la trave, le bois des hautes futaies, nous fait monter vers le ciel à la recherche de ce fameux sens si valorisé aujourd'hui. De même le *work* de la forge ou de l'atelier nous inscrit dans le réel du corps, tant que la vocation nous entraîne vers l'esprit en nous faisant penser que nous sommes animés d'un don venu du ciel.

Sur le plan horizontal, un deuxième principe de classement des termes et de leurs images va de l'ancrage au voyage puisque certains mots nous situent dans une origine familière tandis que d'autres nous font partir vers des horizons inconnus.

Une cartographie se dessine. Elle fait penser à la *Carte de Tendre* – du pays de Tendre, comme on disait au temps des salons. En empruntant à la tradition, cette manière de classer les idées, Madeleine de Scudéry avait en tête de montrer à ses contemporains que, contrairement à la violence de l'époque (on est en pleine guerre des religions, de la Fronde...), il restait possible d'aller vers l'amour, l'amitié, l'apaisement des violences à la condition de passer par certains points.

En nous inspirant de cette démarche ludique et symbolique, l'on pourrait quitter la vallée du Tripalium, vallée de larmes et de TMS, zone à risques suicidaires, et en utilisant la bonne étymologie, le bois de soutien qui fonde « travail », nous mettre en mouvement vers le haut de la carte, vers notre « *purpose* », le but secret de notre carrière, le cœur intime de notre *vita activa*.

Le long du chemin, le jeu consisterait bien sûr à éviter la zone incendiaire du *Burn-Out*, la plaine des Corvées, le puits de la Pénibilité, et à préférer la Retraite dorée à la grotte de la Pension-à-moins-de-mille euros…

Les plus en forme pourraient traverser le fleuve Ergon, les plus philosophes aller méditer dans le sanctuaire du Bara, les plus geeks se retrouver dans les jardins de Mètis.

Atteindre les monts de l'Otium marquera le moment exceptionnel de l'expérience. Et la possibilité de franchir le cap du Beruf après s'être embarqué sur les docks du Travel…

Évidemment cette cartographie n'est qu'une des mille formes que peut prendre, sur ces sujets, l'imagination humaine. Tous les itinéraires sont possibles. À chaque entreprise, organisation, *business unit*, direction départementale de se situer sur la carte ou de créer son propre GPS.

À chaque navigateur, à chaque gouvernante d'établir son propre parcours.

La boussole peut orienter mais ne décide pas du voyage.

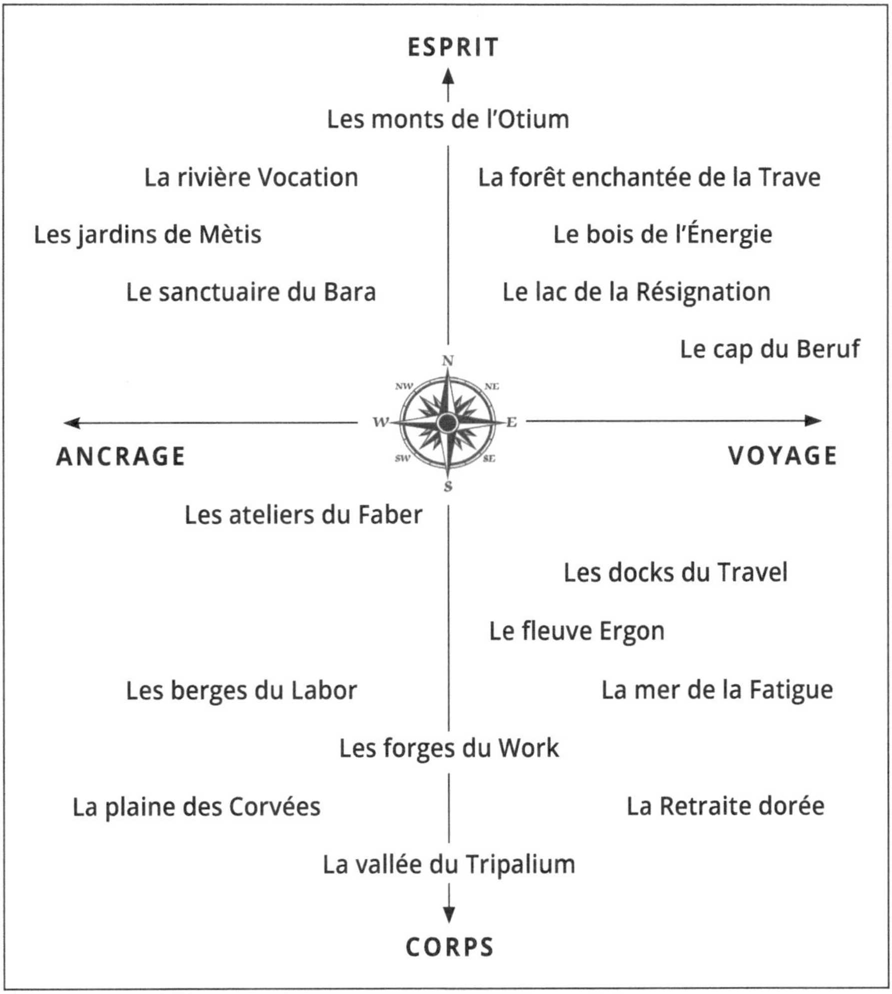
ESPRIT
Les monts de l'Otium
La rivière Vocation
La forêt enchantée de la Trave
Les jardins de Mètis
Le bois de l'Énergie
Le sanctuaire du Bara
Le lac de la Résignation
Le cap du Beruf
N
NW
NE
W
E
SW
SE
S
ANCRAGE
VOYAGE
Les ateliers du Faber
Les docks du Travel
Le fleuve Ergon
Les berges du Labor
La mer de la Fatigue
Les forges du Work
La plaine des Corvées
La Retraite dorée
La vallée du Tripalium
CORPS

Un glossaire du travail

De A comme Affaire à Z comme Zèle

« Glossaire, j'y serre mes gloses. »
Michel Leiris.

AFFAIRE

Écrite en deux mots : « à faire », cette expression incarne la base même de l'activité humaine : ce que j'ai à faire, mon travail du jour. Nous voici devant l'ancêtre de la *to-do list* – que les Romains nommaient l'agenda : ce qui doit être « agi ».

« Affaire » peut désigner depuis le Moyen Âge tous les métiers marchands. On est en affaires de vins, de meubles, de tapis… Au fil du temps, le mot se spécialise dans les métiers de la banque. Les milieux d'affaires sont ceux où se joue le développement capitalistique des sociétés européennes. En France, le XIXe siècle est un pic de ce lien entre industrie et banquiers. Aujourd'hui, cette élite du travail est valorisée comme jamais. Elle est bien plus admirée que l'élite intellectuelle qui paraît à côté de la plaque sur bien des sujets, et que l'élite politique, jugée le plus souvent incompétente.

Le français est protégé de ce point de vue de la connotation négative du mot anglais. « Avoir une affaire » n'est jamais bon pour la réputation d'un membre de cette élite que l'on attend vertueuse. Pour évoquer une relation adultère – adulte et consentante – entre deux personnes, le français a gardé le vieux terme de « liaison », venu du XVIIIe siècle et pouvant s'appliquer aussi bien aux techniques observées par Diderot et d'Alembert qu'aux liaisons dangereuses racontées par Laclos. Parfois notre retard a du bon.

AIDANT

Ce mot qui a l'air tout simple et affectif fait aujourd'hui partie du vocabulaire du droit social. Il désigne les personnes (plus de 9 millions en France en 2024) qui travaillent tout en consacrant une partie de leur temps libre à seconder un proche, notamment un parent âgé. La révolution démographique rend tout particulièrement nécessaire ce nouveau statut. Les entreprises sont aux premières loges, ce qui les conduit à créer de nouveaux accords avec les partenaires sociaux pour aménager les horaires ou élargir le télétravail. Le droit social a créé de nouvelles catégories pour désigner ces travailleurs du soin : « aidant familial », « aidant naturel », « aidant vulnérable », « aidant désemparé »… (*cf.* la Stratégie nationale de mobilisation et de soutien aux aidants 2023-2027 du ministère du Travail, de la Santé et des Solidarités).

Des salariés peuvent faire un don de jours d'« aidance » selon le terme officiel à un collègue, ce qui met en lumière des formes nouvelles de solidarité. On parle aussi du « droit au répit » lorsqu'un aidant épuisé doit lui-même se faire aider et a besoin qu'un professionnel du soin prenne le relais.

Cette évolution s'éloigne du droit commercial d'où vient le mot, puisque « aider » étymologiquement c'est « augmenter » un bien au moment où on le vend. À moins de penser qu'aider signifie désormais augmenter les liens, augmenter sa propre humanité.

ARTISAN

Littré fait remonter ce mot à l'adjectif latin *artitus* qui qualifie l'*ars*: art au sens de savoir-faire, de technique. Sur le même étymon existait également en latin *artifex*: celui qui fait. Jusque dans les années 1760, l'artisan et l'artiste se confondent. Montaigne s'autodéfinit ainsi: « peintre, poëte ou aultre artisan » (*Essais*, III, 25).

Au fil du temps, le statut social de ceux qui travaillent à des tableaux ou des sculptures s'envisage de plus en plus comme l'expression d'une liberté créative et pas seulement comme la réponse à une commande.

Aujourd'hui, de nouveau les deux figures tendent à se rejoindre. Tout artiste contemporain a le sens de la valeur économique et tout artisan sait qu'il possède une dimension artistique, esthétique, émotionnelle – parfois tout simplement instagrammable. Les experts évoquent même aujourd'hui d'une « artification » du luxe: quand les boutiques des grandes maisons deviennent des lieux d'exposition ou que les défilés de haute couture se déroulent dans des lieux patrimoniaux.

ATELIER

Vient d'« attelle »: petit morceau de bois. Tout au long du Moyen Âge, le mot désigne par extension le lieu où se travaille le bois: atelier de l'ébéniste, du menuisier, du charpentier. Par la suite il s'étend à tous les lieux où s'exercent des métiers artisanaux qui coupent, découpent, transforment: atelier du tonnelier, du chaudronnier, de l'horloger...

L'atelier est toujours rempli d'objets techniques et est très incarné: quand on parle d'« atelier », on se réfère aussi à l'artisan et son équipe. Sur ce modèle, l'histoire de l'art parle de l'atelier Delacroix, l'atelier Raphaël quand des tableaux ont été peints sous l'autorité du maître par ses élèves et collaborateurs. *L'Atelier du peintre* de Gustave Courbet montre bien comment, à l'époque bohème, se formaient dans ce lieu vivant et hétéroclite des amitiés, des amours, des collaborations, comme si l'atelier était au XIXe siècle ce que le salon avait été au XVIIIe.

Dans les années 1850, les ateliers parisiens ou lyonnais d'orfèvrerie, de marqueterie, de maroquinerie, de coutellerie... sont les ancêtres des grandes maisons de luxe à la française si importantes pour le PIB français actuel. Le mot, souvent au pluriel (les ateliers Hermès, les ateliers LVMH...), constitue aujourd'hui un code de marque générique de cet univers, signifiant la belle ouvrage, la qualité, le temps mis à fabriquer les objets.

Depuis quelques années, ce sens noble a été récupéré par la grande consommation. De nombreux commerces de proximité, en une boucle légitime de retour à l'origine populaire, peuvent se nommer Atelier des pains, Atelier des saveurs, Atelier des sourcils...

Le mot garde de sa valeur artistique dans l'expression « atelier d'écriture », activité culturelle en plein développement, de la proposition commerciale la plus modeste à la plus luxueuse quand le maître ou la maîtresse d'atelier sont des écrivains prestigieux (les ateliers de la NRF...). Dans le monde de l'entreprise, les ateliers créatifs sont appelés le plus souvent *workshops* avec une dimension plus opérationnelle, plus commerciale.

BÉNÉVOLAT

Comme « bénéfice » (*bene facere*), ce mot contient l'idée du bien : *bene volens*, celui qui veut bien, qui veut du bien aux autres.

BESOGNE

Indissociable du mot « besoin », la besogne est le travail nécessaire pour répondre aux besoins humains élémentaires : se nourrir, avoir un toit.

Par extension et métaphore, le mot a également servi à nommer l'acte sexuel entendu comme la nécessité d'assurer la survie de l'espèce.

« Faire la besogne », besogner une femme, a constitué la version triviale de « faire l'amour ».

On dira jusqu'au milieu du XXe siècle : remplir le devoir conjugal.

D'après le penseur André Gorz (*Métamorphoses du travail, quête du sens*, Gallimard, Folio Essais n° 441, 2004), c'est la sortie de ce strict besoin qui fonde la société dite de consommation. Travailler cesse de signifier produire les biens nécessaires à la survie pour commencer à proposer des biens inutiles, aliénants, polluants. Les années 2020 expriment l'envie d'une bifurcation par rapport à cet impératif jugé nuisible et dépassé et d'un retour au premier cadre.

BIFURCATION

Voilà un beau retour de l'instrument en bois à l'origine du mot « travail ». Attention cependant, cet outil n'a pas trois branches comme le *tripalium* trompeur, mais deux (*bi*), comme la fourche à deux dents. Celle qui sert à « serrer » (ranger) le foin.

Ce vieux mot de la tribu paysanne, dont nous sommes tous issus, étend notre imaginaire jusqu'à reprendre l'image du grand voyage de l'humanité. Au départ, elle vient d'une souche unique puis elle bifurque : les humains montent d'Afrique vers la Mésopotamie avant de se détourner vers le bassin méditerranéen. Mêmes grands mécanismes dans d'autres zones géographiques quand les peuplades migrent de la forêt amazonienne par exemple et divergent à travers des parcours ethniques différents.

De nos jours, la bifurcation est plus modeste et plus concrète. Nombreuses bifurcations dans Paris et d'autres villes françaises pour préparer les lieux aux Jeux olympiques 2024.

C'est surtout dans le monde de la nouvelle économie – et en anglais – que la notion a ressurgi récemment. Une entreprise traditionnelle *splite* : se scinde en deux, le métier de base reste sur le site d'origine, tandis que de nouvelles activités s'organisent ailleurs en start-up, jeunes pousses. Emblématiquement, un labo qui fabrique des médicaments se diversifie dans la bio-tech qui travaille sur l'ADN ou les ARN du vivant.

Par extension, toute personne qui se reconvertit dans un autre métier que le sien est un bifurquant. Ils sont nombreux aujourd'hui, les ingénieurs qui quittent l'industrie pour ouvrir une cave à vins, les directeurs du marketing qui se lancent en littérature, parfois avec succès, les sexologues qui deviennent podologues, etc.

La linéarité professionnelle relève du monde d'antan, d'une époque où la vie sans avoir jamais été un long fleuve tranquille présentait moins de caps à franchir, de virages à négocier…

BOSS

Le mot « chef », en référence à la tête (*caput* en latin), incarne celui ou celle qui prend la tête d'une équipe pour en diriger le travail. Il est concerné par le grand mouvement de féminisation : cheffe d'orchestre, cheffe en cuisine et même parfois « rédactrice en cheffe »...

Cela n'efface pas le « boss » américain d'origine hollandaise, saxonne. Un terme marquant la puissance et non genré même en français (ma boss).

BOULOT

Un mot très récent, apparu en 1830 pour qualifier une personne ronde, qui a l'air d'une boule. Littré note que « boulotter » signifie au départ « faire aller la petite boule » : vivre de petits moyens. De petits boulots. On disait aussi « faire sa petite pelote ».

Par métonymie, ce verbe prend le sens de « manger » pour survivre, voire de manière boulimique.

Un « petit boulot » est un emploi avant tout alimentaire, privé de perspective de réussite. Ce que l'argot américain nomme *bullshit jobs* (jobs à la con) depuis le livre de David Graeber, paru en 2018.

« Boulot » a été dévalué par l'expression très populaire dans les années 70 : « Métro, boulot, dodo ». Expression ressurgie et radicalisée lors du conflit sur les retraites en 2023 : « Métro, boulot, caveau ».

Depuis le début des années 2020, « J'ai du boulot » a tendance à être remplacé par « J'ai du *taff* », probablement parce que ce dernier terme appartient à un vocabulaire plus fictionnel, plus ludique…

BUREAU

Formé à partir de la robe de « bure » du moine, ce mot désigne celui qui fait les comptes pour sa communauté ou recopie la Bible. Ce travailleur austère porte un habit monacal fait d'étoffe grossière censée « crucifier » la peau pour imiter le calvaire de Jésus. Par métonymies successives, *burel* – première forme du mot en ancien français – a fini par désigner la table de travail du moine, puis toute la pièce – le plus souvent glaciale – où il se trouve.

« Aller au bureau » se dit moins au temps du télétravail. La place est laissée au « coin-bureau » : une nouvelle partie de la maison ou de l'appartement qui fait l'objet de conseils-déco inédits : « Il vous manque une pièce supplémentaire pour aménager un bureau ? Rassurez-vous, la maison recèle [des] endroits insoupçonnables pour s'installer un petit coin travail sympa et parfaitement équipé pour vos soirées studieuses. Sous un escalier, dans un placard ou une niche, décryptage express de ces espaces où vous pourrez aménager un bureau selon votre surface d'habitat et vos besoins. » (*Elle Décoration*, 21 septembre 2023.)

Cette évolution du mot vers l'univers de l'intime est à remarquer au moment où le secteur de l'immobilier de bureaux est à la peine. « Les chiffres sont sans appel. Au premier trimestre 2023, l'investissement dans l'immobilier d'entreprise – bureaux, commerces, locaux d'activité et entrepôts – a chuté de 35 % en France par rapport au premier trimestre 2022, à 3,3 milliards d'euros, selon les données d'Immostat. » (*Les Échos*, 12 avril 2023.)

BURN-OUT

C'est le psychologue américain d'origine allemande Herbert Freudenberger qui, en 1974, a forgé le concept de *burn-out*, développé ensuite par la spécialiste du stress professionnel Christina Maslach.

La métaphore d'un feu intérieur veut rendre compte du sentiment de se consumer éprouvé par certaines personnes, qui travaillent trop et mal. Un véritable retournement énergétique a lieu. Ce qui était feu sacré, envie de faire, devient incendie ravageur. « Le feu, n'ayant plus que consumer, se consume soy mesme, et n'est plus feu », remarquait Montaigne.

Dans le vocabulaire de l'OMS, le *burn-out* est aujourd'hui défini comme un symptôme d'épuisement professionnel. Cet épuisement est total : physique d'abord, puis psychique. Une personne en *burn-out* se sent cramée. Les médecins du travail constatent qu'elle ne peut plus éprouver d'émotions. Elle est devenue une machine.

CARRIÈRE

Nul besoin d'être grand lexicologue pour visualiser le contexte : casser des pierres dans un endroit rocheux.

Terrible métaphore qui fait penser que le boulot quotidien est un bagne, même si l'on peut gravir les lourdes marches graniteuses et devenir chef.

CHEF-D'ŒUVRE

« Je voulais faire des chefs-d'œuvre comme Barbara et Brel », a déclaré la jeune chanteuse Zaho de Sagazan quelques mois avant de triompher aux Victoires de la musique 2024.

L'admiration est le meilleur levier de la création selon le conseil donné par Barthes : « Nous avons l'interdiction de nous comparer, mais l'obligation de nous identifier. »

Écrire comme, peindre comme, composer comme... Belle expression qui montre en creux que l'on a compris les cinq ou dix points stylistiques marquants des « grands ». Si j'étais éditrice, je créerais une collection qui se nommerait « écrire comme » : Marcel Proust (phrases enveloppantes et métaphores liées à la nourriture), Nathalie Sarraute (phrases courtes en staccato qui remettent mille fois sur le métier leur interrogation, leurs tropismes), Pascal Quignard (composition du texte par juxtaposition des époques, parataxe d'heureuses surprises...).

COLLÈGUE

Remarquons que ce vieux mot résiste bien ! On l'entend encore beaucoup pour désigner les personnes avec lesquelles on travaille, voire, chez les personnes retraitées depuis longtemps, les compagnons de pétanque ou de marche nordique en ville.

La métonymie originelle vient de la nature. Le collègue est celui avec qui on cueille (*legere*), on ramasse, on vendange...

CONVERSATION

En apparence, cette activité humaine est légère, relève du loisir. On bavarde à la pause-déjeuner, quand on ne travaille pas. L'étymologie nous suggère autre chose. Dans « conversation », il y a *verser*, du verbe *vertere* : tourner vers. Converser avec quelqu'un c'est se tourner vers lui et le regarder pour l'écouter. On aurait ainsi une occurrence de la racine ancestrale WREG qui ne s'est pas développée en français et n'a donc pu donner l'équivalent du *work* anglais ou du *werk* allemand.

Notre *work* à nous serait-il de converser, parler, débattre ?... Sans oublier les connotations érotiques : converser est l'une des mille et une façons de dire « faire l'amour » : faire la causette, la petite cause, la chose intime.

COOPÉRATIVE

Dans la langue récente de l'entreprise, le fait de travailler ensemble (*cum laborare*) passe par le terme « collaboratif » et s'exerce dans des ateliers d'équipe. Le terme qui fut innovant dans les années 1880 s'est créé sur *operare* : verbe plus précis, plus ouvrier, plus urbain. La « coopérative » en est le fruit, dans la droite ligne de l'utopiste Fourier : dans son phalanstère le travail devenait le premier des divertissements. Sur ce modèle, Henry Buisson, un peintre en bâtiment comme le sera mon grand-père maternel après de nombreuses bifurcations, crée avec sept collègues « la coopérative du Travail ».

Cette utopie réalisée est une expérience de start-up à la Belle Époque. Elle se pense comme l'heureuse « harmonie » entre Capital, Travail et Talent. Des formes de participation aux bénéfices sont expérimentées. La tradition de gauche n'y croit pas, et regarde d'un mauvais œil cette nouvelle forme de libéralisme social : refus de considérer le parcours d'ouvriers vers l'autonomie et la réussite. Le 31 mars 1909, *L'Humanité* prend à partie Buisson, « directeur de la prétendue société ouvrière d'entreprise générale de peinture. Nous savons, en effet, et nous pourrions prouver, que le système de la participation aux bénéfices est une sorte de trompe-l'œil qui masque le sens véritable et les dessous d'une affaire industrielle dont les gros profits passent dans des poches qui ne sont pas celles des ouvriers ».

Aujourd'hui en France le modèle des Scop, sociétés coopératives de production, et des Scic, sociétés coopératives d'intérêt collectif, est en plein développement.

CORVÉE

Très concret aujourd'hui, et incarnant la pénibilité du travail, ce terme est pourtant à l'origine abstrait. C'est un concept du droit médiéval : la *rogata* exigée par le seigneur, formée sur le verbe latin *rogare :* exiger au nom du droit.

Rien à voir avec la corvette qui vient d'un *corf* néerlandais, désignant le bateau-chasseur des Vikings et de leurs successeurs.

DÉMIURGE

Le démiurge est l'« artisan » dans le monde grec, dérivé du mot *ergon* : geste, acte.

Le *demiourgos* travaille à l'extérieur, dans son échoppe ou son atelier, alors que l'*oiketes* travaille dans la maison (*oikos*) en tant qu'esclave.

Dans la tradition biblique, quand on dit que Dieu est un démiurge c'est parce qu'il a bien travaillé pour fabriquer le monde. C'est notamment comme potier qu'il crée Adam à partir de la poudre de terre, l'*adama*.

EMPRISE

A longtemps voulu dire « entreprise », comme le dit encore l'espagnol *empresa* – composé tout simplement sur « prendre », *prendere* en latin. Prendre un bois et le travailler, c'est commencer, entreprendre, et éventuellement se mettre en marche vers son atelier, son commerce, sa firme.

Dans le cadre actuel, l'« emprise » s'est spécialisée dans le vocabulaire psychologique et dénonce l'influence abusive d'une personne sur une autre qu'elle soit exercée par un conjoint, un supérieur hiérarchique, un coach, un psy.

Le retournement est spectaculaire ! Dans le cadre très codé de l'amour courtois, c'était le contraire : l'emprise désignait « l'engagement pris par un chevalier auprès d'une dame d'accepter une sorte de soumission symbolique dont il ne sera délivré qu'en combattant en tournoi, selon des modalités précises » (*Trésor de la langue française*, CNRTL).

ÉNERGIE

Dans la fable *La Grenouille et le Rat*, La Fontaine parle de l'énergie que peut avoir un mot. En l'occurrence d'« engénier » qui à son époque signifiait tromper, abuser. La morale est claire : « Tel qui veut engénier autrui, souvent se trompe lui-même. » Le fabuliste déplore qu'engénier ait disparu – peut-être parce qu'il y sentait mieux que nous aujourd'hui l'énergie des « engins » (ruses très bien élaborées).

Empruntée au grec et composée sur l'alliance de *en* (dans) et de *ergon* : geste très actif, « *energia* » en latin signifie « force en action par opposition à *dynamis*, force en puissance » (Bloch et Wartburg, *Dictionnaire étymologique de la langue française*, PUF, 1932).

« Énergie » arrive tard en français : vers 1500. Il faut presque un siècle à « énergique » pour se former (1584). Le siècle dit de la Renaissance.

ÉNERGUMÈNE

Voilà comment est nommé à Athènes celui qui n'emploie pas bien son *ergon*, sa force de travail, son énergie. Ses *erga*, ses gestes, ne répondent à aucun ordre, ne suivent aucune technique. L'énergumène ne connaît pas les bonnes pratiques, refuse les *process* techniques, bref il fait n'importe quoi.

ENGIN

Ce mot incarne un processus assez rare. Alors que tant de termes concrets à l'origine deviennent peu à peu abstraits par le jeu des métaphores, ici c'est l'inverse. En latin, *l'ingenium* qualifie une forme d'esprit : l'ingéniosité.

En ancien français, l'engin reste une ruse, un plan plein d'imagination. Ce n'est que parallèlement et par métonymie qu'il se met à désigner des machines de guerre, des grues, des leviers, des canons...

Dans le BTP actuel, les engins sont les pelles, les chenilles, les finisseurs, les extracteurs...

Dans le vocabulaire de l'aviation, l'avion peut être dit engin.

Dans celui des militaires, le drone permettant des tirs ciblés est le dernier-né des engins. Il change la face de la guerre, bien que pacifique au départ, lui dont le nom anglais signifie « bourdon », insecte volant et bruyant.

ESCLAVE

Mot médiéval qui désigne les « Slaves » : ces habitants des Balkans venus plus ou moins forcés dans le monde occidental et réduits au statut de travailleurs précaires, pas ou peu payés.

Dans les médias anglo-saxons, la notion d'*enslavement* de l'Ukraine par la Russie est régulièrement employée depuis février 2022. Dans le monde grec antique, l'esclave était nommé *oiketes* car il travaillait – gratuitement – dans l'*oikos*, la maison – alors que le *demiourgos* travaillait à l'extérieur dans son atelier, dans le monde du *demos*.

Plusieurs types d'esclaves servaient dans la *domus* romaine, grande villa autosuffisante située dans la campagne. L'*addictus* – qui donnera un jour le mot « addict » – accomplissait un travail d'intérêt général pour effacer une dette. Le *libertinus* était l'esclave en voie de devenir un homme libre. Le *familius* était si familier avec le *dominus* (et la *domina*) qu'il dormait sous leur toit, donnant le terme « famille ».

Dans ce contexte, les esclaves n'étaient pas forcément prisonniers et maltraités – comme ils le seront par exemple dans les plantations du sud des États-Unis avant la guerre de Sécession. Ils constituaient une classe émergente et exerçaient souvent la profession de marchand. Ils pouvaient donc, sans être citoyens, peser sur le sort de la cité, catégorie devancière de la bourgeoisie travailleuse, des « nouveaux riches ». Quand les patriciens, les aristocrates s'adonnaient à l'*otium* : l'oisiveté noble, la conversation, la réflexion sur le sens de la vie, ces gros bosseurs faisaient marcher la boutique : ils pratiquaient le *neg-otium*, le négoce.

Dans le monde contemporain, les emplois sous-payés et en horaires discontinus (par exemple caissière ou livreur) ont fait réémerger un mot que l'on croyait passé aux oubliettes de l'Histoire : l'esclavagisme. Malheureusement, la notion semble particulièrement pertinente lorsqu'elle s'applique à certains travailleurs du sexe, notamment des femmes migrantes ayant quitté leur pays pour aller chercher du travail ailleurs.

EXPÉRIENCE

Voilà un mot que l'on pourrait qualifier de transgenre sémantique. Hier l'apanage des personnes d'un certain âge, puisque avoir de l'expérience nécessitait d'avoir des années de pratique de quelque chose, aujourd'hui accolé aux jeunes. « Faire des expériences » fait rêver : partir travailler dans une boutique de surf en Australie, se former au yoga au Népal, prendre une année sabbatique pour voyager.

L'expérience vient d'une forme de mise en danger puisque d'après Littré le *periculum*, le péril, est présent dans la formation du mot.

L'« expert » est certes très capable dans son domaine mais se met aussi parfois en risque de dire n'importe quoi : un médecin spécialiste de maladies tropicales à propos d'un virus venu d'Asie, un général à la retraite depuis vingt ans à propos d'une guerre post-moderne.

FAÇONNER

« Faire des façons » se dit aujourd'hui de manière désuète pour dire « faire des manières » ou des chichis. Au départ, l'expression est concrète, « façon » venant directement de *factio* en latin, l'une des formes du verbe *facere*, faire, fabriquer.

Façonner c'est donc tout simplement donner forme au bois par exemple. Puis aux tissus : façonner un modèle pour créer un vêtement, travailler à façon, sur-mesure.

C'est sur le portail de la Direction générale des douanes que l'on trouve la meilleure explication juridique. La « délivrance d'un travail à façon » est définie comme la « remise à son client par l'entrepreneur de l'ouvrage d'un bien meuble qu'il a fabriqué ou assemblé au moyen de matières ou d'objets que le client lui a confiés à cette fin, que l'entrepreneur ait fourni ou non une partie des matériaux utilisés. Depuis le 1er janvier 1996, le travail à façon est considéré comme une prestation de services (et non plus comme une livraison de biens) ».

Par opposition est punie la contrefaçon, le fait de fabriquer des objets vendus sous des grandes marques, alors qu'ils n'en ont aucune des qualités. Fausses Ray-Ban, faux Lacoste…

« Le peuple se façonne à la docilité », disait Voltaire, contrefaisant sur ce point l'esprit des Lumières.

FAIRE

Ce verbe a existé sous sa forme substantive très longtemps. Chacun avait son « faire » : cuisiner, tapisser, raboter, instruire, manager...

« Faire le faire » a longtemps été synonyme de « faire l'amour » et s'est décliné dans tous les noms de métiers : draguer, limer, tapisser, cirer, reluire...

On peut rajouter aujourd'hui, dans notre monde de marques, le « contre-faire ». Et le « jouer », le jeu étant désormais – et c'est justice – élevé au rang des moyens pédagogiques, *serious game*. Et constituant – ce qui est légal – un moyen de gagner de l'argent : par le pari, le vide-grenier, la revente d'objets de luxe sur des sites spécialisés.

FREE-LANCE

Être free-lance, c'est-à-dire travailleur indépendant, est le statut à la mode, dans le monde entier.

Se lancer est valorisé en anglais sans besoin particulier de référer au travail. On peut « lancer » en toute liberté un projet artistique ou touristique. De nombreux jeunes indépendants sont aussi des nomades : impossible lorsqu'ils participent à une réunion en visio de savoir s'ils sont sous les cocotiers ou dans leur lit.

L'indépendance est aussi administrative : statut particulier et règlement autonome des charges. Le free-lance est souvent auto-entrepreneur et donc auto-payeur de son URSSAF, de sa retraite, de ses impôts à la source.

GIGA FACTORY

Le terme s'applique aux lieux de production des voitures électriques Tesla, créés à l'origine dans le désert du Nevada pour utiliser l'énergie solaire. Il rompt avec les usines urbaines : les *plants* de Ford dans le Michigan très urbain. Ces anciens lieux industriels sont devenus des friches industrielles réhabilitées, revégétalisées, sous forme de lieux artistiques… tandis qu'Elon Musk développe ses immenses hangars partout dans le monde (*giga factory* de Shanghaï…) avec une visée dans l'espace (*giga factory* pour se préparer à aller sur Mars).

GONG

Ce terme chinois est passé dans le français de la boxe. Entendre le gong, c'est se voir signifier la fin d'un round, d'une épreuve. Mais, dans la langue de Xi Jinping, il signifie plus largement « travail » et entre dans de nombreuses compositions d'idéogrammes : emploi, fonction, occupation… En particulier, avec l'idéogramme du *zuo*, il indique le métier de quelqu'un.

Dans le français courant, l'expression peut être employée pour de futurs retraités : « L'heure du gong va bientôt sonner. »

De manière plus nouvelle, le terme est apparu avec la mode du chi gong, nouvelle pratique de relaxation faisant travailler le corps au rythme de son énergie vitale, le *chi*.

L'idéogramme du gong est très parlant. Il prend la forme d'un I majuscule : un trait vertical (nous, l'être humain, toute personne travailleuse) possède comme un socle sous ses pieds : un trait horizontal en bas, base du I ; et un trait horizontal en haut qui vient coiffer le I comme un chapeau. Revient l'image du toit, ce *teknon* grec à l'origine de technique, construction.

Nous est rappelé ainsi un désir universel : se sentir protégé par un abri est nécessaire à toute humanité quelle que soit la zone géographique où elle vit.

HOMO FABER

Concept de philosophie morale, proposé par Henri Bergson dans son ouvrage *L'Évolution créatrice* (1907). En reprenant une expression qui existait déjà dans le monde romain, le philosophe français du tout début du XXe siècle voulait appuyer sur la nécessité qu'éprouve l'Homme de fabriquer ses objets. La formule se voulait un prolongement de l'expression scientifique *Homo sapiens*. Pour Bergson, cette aptitude est immédiatement dotée d'un sens. L'homme sait d'instinct pourquoi il accomplit certaines tâches et dans quel but.

Hannah Arendt s'est servie de cette idée pour nourrir son deuxième niveau du travail qu'elle nomme « *work* » dans *Condition de l'homme moderne* (1958) : doté déjà d'intelligence, même s'il n'est pas intellectuel, ce travail s'élève d'un cran par rapport au simple *labor* commun à l'Homme et à l'animal, nommé par elle *l'animal laborans*. La philosophe appuie fortement sur la responsabilité du *worker*. Tout travail mérite non seulement salaire, mais finalité.

Il ne peut être « sans pourquoi » – selon l'expression de Primo Levi quand il racontait que précisément cette finalité était interdite dans les « camps de travail » nazis. Détournant le précepte antique énoncé par Virgile – *Labor omnia vincit* : « Le travail est vainqueur de tout » – le frontispice d'Auschwitz : *Arbeit macht frei*, « le travail rend libre », illustrait le risque ultime que fait prendre à ses semblables l'homme fabricant : la puissance totale de les détruire.

HYPERACTIF

L'enfant hyperactif d'aujourd'hui est l'enfant turbulent d'hier.

Turbulent disait le trouble, l'agitation en référence à la tourbe, cette matière instable faite de terre, d'eau, de racines, d'air qui produit de petites explosions ici ou là.

L'hyperactif de deux ans qui bouge et crie souffre lui aussi d'un trouble. Mais un trouble qui n'est plus relié à la nature, aux éléments. C'est au monde du travail (activité) que l'enfant est référé. Il est une machine qui s'est emballée et qu'il faut ralentir.

INGÉNIEUR

Longtemps constructeur d'engins, l'ingénieur s'est spécialisé au XVIIe siècle dans la marine en devenant celui qui construit des navires : engins de transport et de guerre.

Puis dans toute l'ingénierie : du génie civil à celui du cinéma (ingénieur du son).

Côté positif, depuis quelques années la profession se féminise, notamment à travers les métiers liés aux *data* : ingénieure dans la finance.

Côté négatif : dans son ouvrage *Les Ingénieurs du chaos* (Gallimard, Folio, 2023), Giuliano da Empoli alerte sur les manières très ingénieuses qu'ont les régimes autoritaires comme la Russie de déstabiliser les démocraties européennes *via* l'intelligence artificielle.

Au premier quart du XXIe siècle, l'ingénieur est donc l'archétype ambivalent du progrès : il incarne l'ingéniosité humaine pour le meilleur et pour le pire.

JOB

On pourrait penser que ce mot constitue une antonomase : que comme « poubelle » il est un nom commun construit sur un nom propre (monsieur Poubelle a réellement inventé ces boîtes à déchets), et penser au pauvre Job de la Bible et du Coran : un sans-le-sou, au chômage, ayant perdu tous ses biens, et envoyant à Dieu, depuis son tas de fumier, sa triste repentance…

On peut aussi imaginer que le mot est américain selon le titre du célèbre ouvrage de David Graeber, *Bullshit Jobs* (Les Liens qui libèrent, 2019), dénonçant les emplois précaires et l'ubérisation générale (cette fois une vraie antonomase).

Mais il n'en est rien. « Job » vient de « jobard » qui, en ancien français, désigne celui qui gobe tout ce qu'on lui dit – origine concrète, très rabelaisienne. Ce vieux mot français passe en anglais à la fin du XVe siècle sous la forme *jobbe of work* : tâche à accomplir.

Il nous revient, comme anglicisme chic, à la fin du XXe siècle. Dans des expressions courantes comme : « J'ai un nouveau job : *happy manager advisor*... Avant j'étais chargée de com, maintenant je suis directrice RSE, c'est le même job, mais j'aime mieux... »

JUBILACION

Voilà le joli nom que la langue espagnole s'est choisi pour parler de la retraite. L'un des deux noms en tout cas puisque existe aussi *retiro*, avec la même idée qu'en français ou en anglais (*retirement*).

Via un latin ecclésiastique *jubileus*, la jubilation vient du mot hébreu *yobel* qui désigne le s*ofar* : le cor qui est sonné pour fêter – *jubiler* – certains jours de fête comme à la fin du jeûne de Kippour.

Le jubilé marque à l'origine la fin d'une période longue de cinquante ans. Concernant la retraite au sens de période post-travail, l'analogie peut prendre une valeur dynamique. La fin de la carrière inaugure le début d'une nouvelle ère. « Au terme de ce bail, toute dette, tout fruit et usufruit sont annulés, les compteurs sont remis à zéro. » (Patrick Jean-Baptiste, *Dictionnaire des mots français venant de l'hébreu*, préface de Claude Hagège, Seuil, 2010.)

J'TRAVAILLE

« J'travaille mes sons, J'travaille mon couple, j'travaille mes textes, c'est fou, j'travaille tout le temps, mais c'est les vacances dans ma tête.» (Orelsan, *Seul avec du monde autour.*)

LAB

L'apocope, c'est-à-dire la forme coupée de « laboratoire », est très utilisée dans le monde de l'entreprise actuelle, spécialement dans le vocabulaire du management. Un *lab* y est, soit une réunion créative où se génèrent des idées ; soit une session de formation permanente. On peut aussi rencontrer le fablab, endroit d'expérimentation (élaboration de nouveaux cosmétiques, de nouvelles recettes alimentaires...).

Dans tous les cas, le mot désigne un temps et non un lieu, alors que « laboratoire », formé sur le latin *laborare*, est un « local » : celui du chimiste ou du pharmacien. À cette époque, La Fontaine a également employé le mot pour parler du cabinet de toilette.

« Laboratoire » avait un usage en cuisine, en concurrence avec office. Le boulanger-pâtissier l'emploie encore aujourd'hui pour parler de la pièce où il pétrit sa traditionnelle banette ou son élitiste pain de petit épeautre.

Au XXe siècle, quand le laboratoire pharmaceutique était prestigieux et moderne, l'apocope usuelle était « labo ». Les sciences humaines se sont constituées sur ce modèle : un sociologue ou un historien pouvaient être fièrement rattachés à leurs « labos du CNRS ».

De nos jours, c'est *lab* qui est chargé de modernité américaine en lien avec le développement technologique. Par exemple dans le *Bell Lab* ou au *MIT Media Lab*…

LABEUR

Nous n'employons plus ce terme vieilli que sous sa forme adjectivale : « laborieux, laborieuse ». « Travail », après des siècles de concurrence, a fini par l'emporter.

« Labeur » a tout de même été présent longtemps, en droite ligne de l'antique *labor*. Une métaphore très forte travaille le mot. Dans le *Dictionnaire historique de la langue française*, Alain Rey ou l'un de ses lexicologues explique qu'est en jeu le mouvement du corps lorsqu'il « lapse », c'est-à-dire lorsqu'il chancelle sous le poids d'une tâche. Par exemple, quand une paysanne est trop chargée par un ballot de foin et manque de tomber. Pourquoi pas ?

Mais une autre interprétation de la scène est possible. Le corps humain « glisse » (au sens du surf) tout naturellement vers la terre car son instinct l'y porte. C'est le premier sens de *lapsare* en latin, employé en poésie pour décrire le glissement des oiseaux dans le ciel ou des ondes d'une rivière. Très fluide tout ça, et bien dans la dynamique de ce que dit Hannah Arendt du *labor*, instinctif et *endless*, sans fin, dont elle a fait le premier stade de sa *vita activa*.

Certes, cet élan vital ne fait pas du travail le paradis sur terre : l'Homme est toujours menacé de régresser à l'état *d'animal laborans*. Un paysan et son bœuf labourant un lopin de terre jusqu'à épuisement courent évidemment le risque d'être deux bêtes de somme.

Ne croyant pas à ce *lapsus*, Émile Littré propose une autre racine. Sanskrite selon lui, disons-la plus largement hébreue. *Rab*, ou *rabh*, vient de la racine indo-européenne que Littré ne pouvait pas connaître mais dont il a eu l'intuition : RIEG. Dans la Bible, le verbe *raba* signifie s'élancer avec vigueur vers quelque chose et donc produire un effort pour travailler ladite chose. En anglais, cette racine donnera *to reach* : essayer d'atteindre.

Par un de ces changements phonétiques fréquents appelés métathèses, la lettre R peut changer de place dans le mot et donner *arbeit* : travail en allemand.

LABEUR (MA)

Grand amoureux de la langue, Émile Littré fait enfin remarquer que, dans la poésie médiévale, labeur était féminin comme amour. Chrétien de Troyes pouvait ainsi chanter : « A n'iert perie ma labour, se fins cuers puet d'amor joïr », que l'on peut traduire ainsi : « S'il ne meurt pas à cause de ma labeur, jouir de ma amour pourra mon cœur. »

LABORATOIRE

« On doit en avoir un à la campagne. » (Gustave Flaubert, *Dictionnaire des idées reçues*.)

LEADER

Formé sur un vieux mot saxon, *lidan*, qui veut dire voyager. *Leader* des équipes c'est être un bon capitaine, les faire quitter leur zone de confort et les amener au bon port. Le *leader* contemporain est une figure non genrée et énergisante.

LLL

Sigle de la *long life learning*: le désir qu'ont désormais les travailleurs d'apprendre tout au long de leur vie. L'individu actuel demande à être rémunéré de manière sonnante et trébuchante, mais aussi de manière symbolique et culturelle. Il sait que son savoir va l'augmenter au sens noble de l'*otium* antique. Il attend de son employeur qu'il l'inscrive dans cette dynamique: toute entreprise, toute institution doit être apprenante.

LUXE

Hier activité restreinte et élitiste qui ne concernait qu'une toute petite partie de la haute bourgeoisie européenne, le luxe est devenu la principale industrie française. Son modèle est original car il s'appuie sur les deux jambes de l'artisanat et de la production de masse. Les grandes maisons françaises diffusent ainsi leur couture et – surtout – leurs sacs, parfums, cosmétiques, vins et champagnes dans le monde entier.

Le mot en soi est passionnant. Son étymologie est souvent rappelée par les spécialistes de cet univers professionnel. Le luxe vient de *lux*, la lumière en latin. Est donc luxueux tout ce qui brille. Le grand modèle français étant de ce point de vue la cour, la grande galerie des Glaces à Versailles avec ses immenses lustres – mot proche. Depuis quelques années est également prise en compte la notion de « luxation », le luxe comportant en effet une torsion (comme celle d'une cheville qui se déboîte), c'est-à-dire d'un écart par rapport à la norme : épaules exagérément marquées, taille particulièrement cintrée, chapeaux excessifs, énormes bijoux. En troisième lieu, et à partir de là ce sont mes propres hypothèses (développées dans l'article « Fiat Luxe » de la revue *Communications* n° 111, dirigée par Marc Abélès), vient l'idée de beauté sensuelle, hors de toute rigidité conformiste sur le *luxor*, qui donnera la « luxuriance ». On est là devant la nature au printemps qui ne peut s'empêcher de faire fleurir sa beauté et de l'épanouir. Le jardin de Vénus est loin de la sévérité du forum. C'est sur cette analogie, et en lui donnant des connotations sexuelles, qu'arrivera la « luxure ». La quatrième étymologie est le jeu, un *lussi*, venant du *ludere* qui a aussi donné « ludique ». Enfin, une dernière et mystérieuse origine pourrait concerner le *verbe lugere*, à l'origine de « lugubre ». L'image là est celle des fragments d'or ou de bois précieux, que l'on dépose telles des larmes dans les tombeaux de gens prestigieux. Dans la langue *globish* qui régit aujourd'hui cet univers, ce *luxury world*, il est étonnant de voir comment sont souvent mises en scène des commémorations. Les grands morts Christian Dior, Elsa Schiaparelli, Coco Chanel, Yves Saint Laurent… sont toujours très vivants.

MACHINE

Furetière, le grand lexicologue du français classique, définissait la machine comme un assemblage de plusieurs pièces par l'art des mécaniques. Le grec de l'étymon *megos* est formé sur la racine indo-européenne MAGH qui évoque la puissance – ce qu'on retrouve dans l'auxiliaire *may* en anglais. Ainsi que dans le mot m*ain* en français.

Très vite, se crée un parallèle entre cette valeur concrète – la mécanique – et la valeur abstraite : une « machination » est un assemblage de rumeurs, de *fake news* dirait-on aujourd'hui, toujours orientées contre quelqu'un. Voltaire emploie l'image pour dénoncer tel ou tel courtisan : « Il vit toutes les machines que sa politique arrangeait, bien affermies… »

MACHINE-OUTIL

Un concept maître de la culture industrielle classique qui marque la collaboration entre un vieux terme – *outil* vient de l'idée d'utilité – et l'univers de la mécanisation moderne.

Dans notre monde hypermoderne, l'outil, comme la voiture, devient autonome : sans fil et connecté. Sur le site d'un célèbre constructeur, l'on peut voir des objets beaux et déliés comme la scie circulaire, équipée d'un laser pour des découpes de précision, la ponceuse orbitale, la meuleuse d'angle avec lampe frontale LED. La machine-outil inventée au XVIIIe siècle paraît bien loin. Elle s'est de toute évidence allégée du poids mécanique.

MAÎTRISE

Le mot est attesté en français du XIIe siècle au sens de gouvernance d'un bateau. Le capitaine est d'abord un maître à bord.

Dans le *VUCA world* (volatile, incertain, complexe et ambigu) sur lequel nous tentons de rester à flot, la question de la maîtrise nous obsède. Que pouvons-nous contrôler ?

Quels sont les techniques, les *process* pour agir sur nos vies : se muscler, maigrir, booster sa mémoire, ouvrir nos chakras, etc. ?

Avec le retour du vocabulaire de l'artisanat, le maître d'apprentissage encadre l'étudiant ou l'étudiante qui est en alternance entre l'université et l'entreprise.

En revanche, le texte que l'on écrit à cette occasion ne s'intitule plus « devoir de maîtrise » mais « mémoire de stage ». Il est vrai qu'on est, dans ce cas, en *master.*

MANAGER

« Manager », c'est faire jouer sa main, du latin *manus,* qui en français donnera « main », mais pas en anglais où se tient le mot *hand.* Dans cette langue, l'adjectif « main » indique que quelque chose est important : comme dans *main street,* rue principale, ou *main stream,* pratique majoritaire. Venu de l'américain des entreprises, le *manager* est donc à l'origine celui qui a plus d'importance que les autres et commande leur travail.

Ces dernières années, son statut a baissé. Hier grand patron, il est devenu chef de rayon. « Mon manager m'a dit de mettre le ketchup en tête de gondole. Votre burger n'était pas assez cuit, j'y suis pour rien, j'appelle mon manager... »

Le *leader* a donc pris l'ascendant, à condition bien sûr qu'il s'humanise et cherche moins à exercer une autorité arbitraire, toute-puissante. L'arrivée des femmes, d'hommes plus jeunes à des postes de gouvernance y est bien sûr pour quelque chose.

MÉTIER

Ce mot est doublement religieux puisqu'il amalgame le *ministerium* : le service du prêtre envers ses ouailles ; et le *mysterium*, la façon inexplicable dont les dieux ou Dieu s'adressent aux hommes. Il allie le concret et le sacré. Le terrestre et le transcendant.

Remettre chaque jour sur le métier évoque le travail répétitif de Pénélope, patiente tisserande qui attendit son Ulysse de mari parti vingt ans en voyage de travail – ses exploits étaient des *erga* : des gestes, des actions.

MÈTIS

Voilà bien le mot qui manque à notre vision contemporaine du travail ! La notion est passée à la trappe alors qu'elle était fondamentale pour le monde grec, dans lequel la *mètis* désignait l'intelligence humaine, l'ingéniosité, la ruse constructive. Athéna en était la grande dispensatrice comme déesse de l'intelligence stratégique et – aussi – de l'artisanat. Elle en avait elle-même hérité naturellement puisque sa mère était la bien nommée Mètis, une Océanide discrète qui cachait ses talents sous la surface des océans. Bon recruteur, Zeus l'avait repérée. Il en fit son épouse et avala leur enfant, la super smart Athéna, née, comme on dit, de la tête de son père. Athéna donna par la suite la *mètis* aux héros qu'elle protège, notamment Ulysse, dit « *poly-mètis* », l'homme aux mille ruses. Cette potion magique de l'intelligence contient aussi une dimension morale : régulatrice de l'énergie qui sans elle serait brutale ou arrogante (crime d'hybris).

La *mètis* résonne parfaitement avec notre époque de grands progrès technologiques, marquée en particulier par la révolution de l'intelligence artificielle. L'intelligence humaine cherche à se doubler d'éthique dans les entreprises sous forme de philosophies, de manifestes, de promesses engageantes... *Mètis* les contient toutes. À redécouvrir donc d'urgence.

MISSION

Littéralement, avoir une mission, c'est être envoyé (*mittere* en latin) quelque part pour sa compétence. Un chef de guerre envoie au loin un émissaire, un chef religieux envoie un missionnaire.

Grâce à ces connotations, la mission d'entreprise atteint une dimension épique. Le but est lointain et ambitieux : nourrir le monde, porter très haut l'art du maquillage, faire du ciel le plus bel endroit de la terre...

Comme si un roi ou une reine avait formulé ces missions : rapportez-moi la Toison d'or, allez chercher le Graal.

Avec leur sens du sigle, les Anglo-Saxons parlent de « *SOP* », *sense of purpose* : expression du but fondamental que l'on donne à son action.

En France, le statut d'entreprise à mission a été introduit dans le droit par le gouvernement d'Emmanuel Macron pour donner au cadre de l'action des critères aussi bien techniques que moraux en faveur de la transition écologique.

NÉGOCE

Dans le monde romain le *neg-otium* se dit par contraste avec l'*otium* : la vie de l'esprit, gratuite, sans souci utilitariste. Hors du monde marchand.

Les années qui s'ouvrent avec l'IA et nous amèneront vers le milieu du siècle (2025-2050) seront marquées probablement par un rééquilibrage de l'oisiveté et du négoce.

Chaque individu aura, il faut l'espérer, la possibilité de négocier – comme on le dit d'un virage – sa vie polyactive selon ses besoins et ses humeurs.

OCCUPATION

L'*occupatio* en latin désigne toute activité qui consiste à prendre (*capere*/*capare*) quelque chose. Prendre un outil pour commencer un travail…

Une spécialisation arrive vite. S'occuper veut dire prendre de l'argent à quelqu'un pour le placer, le faire fructifier. À partir de là, toute occupation possède quelque chose d'autoritaire vis-à-vis d'un bien d'autrui, d'une terre.

On le sent bien avec l'époque où la France est tombée aux mains des Allemands et a vécu son occupation (de juin 1940 à août 1944).

L'activisme politique a repris l'idée en la retournant, notamment le mouvement Occupy Wall Street. *Occupy Mars* est un jeu vidéo à succès.

ŒUVRE

Créée sur *opera*, résultat du travail simple d'« opération », œuvre est tout d'abord le simple résultat d'un travail. Elle voyage peu à peu vers le domaine artistique. Entre les deux, il y a l'alchimie : le travail sur la matière passe de l'œuvre au blanc à l'œuvre au noir, puis à l'œuvre au rouge avant de parvenir au chef-d'œuvre : l'or de la pierre philosophale.

ŒUVRER

A longtemps voulu dire travailler. On pouvait dire aussi ouvrer. Forme verbale du substantif *opera, opus.*

OFFICE

Terme anglais pour dire « bureau », il vient du latin *officium:* la charge, le devoir. Origine que nous gardons en français quand quelque chose est « officiel ».

Dans un premier temps, nous avons appliqué le terme à la partie de l'appartement bourgeois du XIXe et début du XXe siècle où s'affairaient les domestiques. En particulier la cuisine.

La célèbre série télévisée *The Office* met en scène la vie de bureau de manière quasi documentaire mais avec un humour très british. Créée pour la BBC par l'humoriste Ricky Gervais et le scénariste Stephen Merchant, elle est ensuite adaptée pour la télévision américaine et peut être considérée comme la souche des nombreuses séries liées aux lieux de travail : l'hôpital (comme *Urgences*, *Grey's Anatomy*, *New Amsterdam*...), le cabinet d'avocats (*The Goodwife*, *Suits*...), le média (*The Newsroom*...), l'agence de publicité (*Mad Men*)...

Ces œuvres à succès font aussi office d'information et d'orientation sur le monde professionnel.

OISIVETÉ

Voilà le mot qui prête le plus à confusion dans l'écosystème sémantique du travail ! Il est aujourd'hui synonyme de paresse, farniente, glandage...

En fait, le mot dit tout l'inverse. Il vient d'une notion fondamentale dans le monde antique : l'*otium* en latin, équivalent du grec *skolè* qui donnera « école », est l'étude. L'étude gratuite au sens de libre de tout utilitarisme.

L'oisiveté concerne la vie de l'esprit, le développement personnel éthique, esthétique : méditer, lire, écrire, refaire le monde, améliorer les relations, augmenter notre humanité.

Le poète bohème se désigne comme ce noble oisif. Surtout Arthur Rimbaud qui se définit comme un vagabond loin du monde du travail conformiste. En fait il aura été un *workaholic* à sa façon, composant son œuvre en cinq ans, entre quinze et vingt ans, avant de tout quitter pour les confins, de s'engager comme mercenaire, de s'adonner à des trafics. Resté comme oisif définitif c'est-à-dire poète majeur, celui qui a clamé : « Le travail humain ! c'est l'explosion qui éclaire mon abîme de temps en temps » avait en réalité le CV d'un négociant très occupé.

OPULENCE

Remise en cause aujourd'hui par la nécessité d'une certaine sobriété, l'opulence est apparentée à l'*opus*, l'un des mots latins pour dire « travail ». Littéralement, l'opulence n'est en fait que le résultat fructueux d'une tâche bien accomplie.

ORGANISATION

Fondamentale dans toute entreprise humaine, l'organisation découle de l'*ergon* grec, l'acte, le geste, et au pluriel les travaux, voire les exploits. L'organisation peut prendre toutes sortes de formes : organigramme, organisations syndicales, crime organisé…

OUVRAGE

Pourquoi un autre mot alors que le français avait déjà « œuvre »? D'abord pour parler d'amour et d'érotisme: ouvrage de car, œuvre de chair. Ensuite pour donner à l'artisanat son sens de la belle ouvrage. Enfin pour donner un synonyme à « livre ».

OUVROIR

Terme de moyen français (entre 1300 et 1500), il désigne alors l'endroit où travaille l'artisan, puis la table sur laquelle il coupe, façonne, coud... Raymond Queneau, en fin connaisseur de ce sens perdu, l'a repris en 1960 pour créer l'Oulipo: l'« ouvroir de littérature potentielle », un collectif d'écrivains se livrant à des expériences comme s'ils étaient des scientifiques dans leur labo. L'idée était d'utiliser le langage comme une machine artisanale et déjà algorithmique soumise à la contrainte: écrire un poème en changeant toutes les voyelles en *a*, ou un livre sans employer la lettre *e*, comme le fit Georges Perec, oulipien d'excellence, avec son roman *La Disparition*.

On peut également supposer que le groupe désirait suggérer discrètement et entre connaisseurs les connotations que le mot avait possédées au temps du libertinage quand il désignait le sexe féminin.

PERFORMANCE

Littré ne parle pas de ce mot si développé dans notre société du « toujours plus ».

Il n'était qu'émergent dans les années 1870, venu de l'anglais des champs de courses. Il s'est beaucoup développé dans le sport, désormais un important domaine professionnel. En ancien français où nos cousins britanniques l'ont pris, son préfixe était *par*: « *par-former* » comme par-faire une forme, la rendre parfaite.

POLYACTIVITÉ

On parle de polyamour beaucoup plus que de polyactivité. Pourtant, elle semble plus à l'œuvre dans notre société que le nomadisme amoureux: de l'étudiant devant travailler dans un fast-food pour payer son école au retraité qui propose ses services au noir – plomberie, montage de meubles, aide aux devoirs –, en passant par les salariés consacrant leurs RTT au gardiennage de chiens ou au toilettage de chats, toutes sortes d'activités non salariales se développent.

Si l'on en croit l'historienne Laurence Fontaine et son livre *Vivre pauvre. Quelques enseignements tirés de l'Europe des Lumières* (Gallimard, 2022), les travailleurs de la société préindustrielle du XVIIIe siècle développaient déjà toutes sortes de stratégies pour multiplier leurs sources de revenus. Louer une chambre de sa maison ne date pas d'Airbnb d'autant que les gens circulaient beaucoup pour aller ici ou là faire les vendanges, les moissons, les salaisons, ou s'adonner, entre Versailles et Paris, au trafic de canaris dont l'aristocratie s'était entichée.

PROTOCOLE

Dans le franglais du travail, les étapes nécessaires à la réalisation de toute tâche sont nommées *process*. Le mot ancien était « protocole », dont Roland Barthes – qui ne pouvait écrire que selon un certain rituel et avait le même bureau à Paris et dans sa maison du Pays basque – a rappelé l'étymologie : « Dans l'ancienne société chinoise, on se préparait à écrire, c'est-à-dire à manier le pinceau, au terme d'une ascèse quasi religieuse. Dans certaines abbayes chrétiennes du Moyen Âge, les copistes ne se livraient à leur travail qu'après un jour de méditation. Personnellement, j'appelle l'ensemble de ces "règles", au sens monastique du terme, qui prédéterminent l'œuvre (il importe de distinguer les différentes coordonnées : temps de travail, espace de travail et geste même de l'écriture) des "protocoles" de travail. L'étymologie est claire : cela veut dire la première feuille que l'on colle avant de commencer. » (*Le Monde*, 27 septembre 1973.)

RAB

Dans l'argot professionnel du travail, on trouve l'expression : « faire du rab » pour dire qu'on a dépassé l'horaire normal ou l'âge de la retraite.

Rab vient du verbe *raba* qui revient beaucoup dans la Bible pour désigner le travail dur, le travail humain pour acquérir quelque chose. Patrick Jean-Baptiste dans son passionnant *Dictionnaire des mots français venus de l'hébreu*, préfacé par Claude Hagège (Le Seuil, 2010) explique que cette racine fonde le mot « rabbin »: personne qui a beaucoup travaillé les textes pour pouvoir les enseigner et les partager. Ce dictionnaire est une œuvre originale qui offre une clé étymologique nouvelle sur les langues dites sémitiques (hébreu et arabe). Les linguistes des années trente les tenaient hors du système « indo-européen ». Patrick Jean-Baptiste montre à plusieurs reprises que des passerelles existent entre ces langues et le sanskrit, le grec, le latin, et à leur suite le français, l'anglais, etc. « Rab », dans sa minuscule profondeur, apporte ainsi la preuve des racines indo-orientales de l'Europe.

RABOT

Dans son *Dictionnaire des étymologies obscures* (Payot, 1982), Pierre Guiraud dit ceci : « Apparu en 1368, formé sur un féminin Rabotte, "lapine" (encore vivant dans le Berry). »

RAT RACE

La « course des rats » désigne dans le monde de l'entreprise globale la concurrence effroyable entre les gens. Cette course constitue l'une des raisons pour lesquelles de plus en plus de jeunes diplômés veulent échapper au monde du travail tel qu'il est, à cette cage très peu dorée. La première bifurqueuse aura été, dès 2006, Flore

Vasseur, aujourd'hui documentariste engagée pour un monde meilleur (*cf.* son film *Bigger than us*, 2021). Elle a raconté de manière à la fois drôle et réaliste son voyage de jeune diplômée d'HEC en rupture de ban dans *Une fille dans la ville* (Le Livre de poche, 2008). Elle présente la *rat race* comme principale métaphore du monde du travail et l'incarne dans les rues de Manhattan.

RÉMUNÉRATION

Le *munus* en latin est la charge : le travail à faire, l'office à remplir. Le grand zélote du *munus* est Cicéron qui rappelle souvent le *justiciae primus munus :* le premier devoir qu'impose la justice au citoyen sérieux (ni les femmes ni les esclaves).

Par translation du sens, le *munus* est devenu le paiement de la charge : ce qui la rend rémunératrice.

Kamel T. (expert-comptable qui gère ma nano-entreprise et m'a appris qu'algorithme venait d'un mathématicien persan, Al-Kuwarizmyy, surnommé ainsi d'après le grec *arythmos*) me rappelle souvent que ma rémunération n'est pas un salaire. Il me sermonne car je perds régulièrement les justificatifs de mes achats pro. Ce jour-là, il me renseigne sur un tout autre sujet :

« Même s'il n'y a pas dans le Coran un récit initial aussi construit que la Genèse, le Dieu de l'islam travaille tout comme celui de la Bible une masse informe originelle pour créer le monde. Lui aussi est un grand travailleur et le modèle du djihad.

— Quoi, cet appel au terrorisme ?

— Mais non, pour nous, les musulmans, les vrais, le djihad, c'est le travail sur soi. C'est se civiliser tout au long de la vie. Comme dans le bouddhisme, la psychanalyse ou l'idéal chrétien. »

RESSOURCE

Que voilà une belle amphibologie ! « Amphibologie », kesako ? Laissons-nous porter par les connotations. Ne voyez-vous pas venir cet animal amphibie qui peut marcher sur l'eau comme sur la terre ?

De même une ressource peut aussi bien désigner, en surface, une somme d'argent qu'en profondeur, une énergie – énergie classique comme le pétrole ou énergie nouvelle comme le plancton des océans...

RETRAITE

Ce mot a deux étymologies qui se confondent.

La première consiste à se retirer en arrière en se rétractant. Par exemple, quand on danse ou que l'on tire à l'escrime. D'où, en langage militaire, la retraite stratégique pour mieux réattaquer. Le préfixe *re* est alors spatial.

La seconde est liée à l'argent. La retraite est une deuxième traite : une seconde somme d'argent. Le préfixe *re* est alors temporel.

Le monde contemporain réactive une hyperbole religieuse spatiale : quelqu'un – le plus souvent quelqu'une –

se retirait selon la première étymologie et entrait au couvent. Le nouveau luxe touristique surfe sur une vague néo-mystique liée à la nature en proposant des retraites au bout du monde sous des yourtes sobres et merveilleusement confortables, très loin de la foule.

ROBOT

Machine capable d'effectuer des tâches à la place de l'Homme. Le mot est venu du tchèque en 1956. *Rabot* signifie « travailler » dans les langues *slaves* qui donnent aussi – il faut le noter – le mot « esclave ». « Robot », prononcé *rabot* en russe, comme l'outil du travailleur du bois, est probablement relié à la racine indo-européenne RIEG, à la source de *labor* et d'*arbeit*.

Courant dans les années 70 où il incarnait une modernité triomphante, le mot a connu une éclipse durant la période 1980-2010 où la techno-science était décriée. Il revient depuis les années 2010 avec l'apparition de robots domestiques d'envergure : loin de ceux qui se limitaient à faire la mayonnaise.

Aujourd'hui, les robots d'aide à la personne âgée ou handicapée sont des machines complexes. Ils atteignent une dimension humaine bluffante quand il s'agit de converser avec une intelligence artificielle ou d'être opéré.

En 1973, ce sont les producteurs français qui ont renommé le film de Woody Allen *Woody et les robots*. Le réalisateur avait choisi *Sleeper*, « le dormeur », puisqu'il adaptait le roman de science-fiction de H.G. Wells *The Sleeper Awakes* (*Quand le dormeur s'éveillera*). L'histoire est celle d'un homme qui après avoir dormi deux cents ans découvre à son réveil qu'il est le plus riche du monde. Il n'a plus besoin de travailler : un rêve merveilleux ou une affreuse dystopie ?

SALAIRE

En ancien français, le salaire était une salière contenant du sel – précieux conservateur depuis l'Antiquité. Le soldat de César en avait besoin pour en entourer ses aliments lorsqu'il partait en campagne. Cela les protégeait et les solidifiait. Il parlait également de sa solde…

De nos jours, salaire est le terme générique utilisé pour désigner l'argent que touche le travailleur – qu'il appartienne au secteur public ou au secteur privé. Quand il est indépendant, il a le choix entre se salarier et se verser une rémunération. Dans ce dernier cas, il échappe à certaines taxes mais n'est pas protégé en cas de chômage. Le développement actuel de l'activité indépendante – le statut de free-lance – montre que beaucoup préfèrent désormais la liberté à la sécurité.

Un monde post-salarial est en plein développement.

SANTÉ MENTALE

Comme le sens du travail, la santé mentale se cultive dès l'enfance. C'est à l'école qu'on apprend à travailler, c'est aussi là, d'après les enquêtes, qu'on apprend à stresser.

La santé mentale, en particulier celle des filles, se dégrade particulièrement lors du passage en sixième par peur des mauvaises notes. D'après le baromètre Ipsos-Chaire santé Essec (janvier 2024), « près de six adolescents sur dix se déclarent stressés par les interrogations ou la remise de notes ».

SENS

Les Français, les Occidentaux en général, veulent donner du sens à leurs actions. À leur travail en particulier. L'essai *Redonner du sens au travail. Une aspiration révolutionnaire*, de Thomas Coutrot et Coralie Perez (Le Seuil, 2022), le démontre par des chiffres.

Du côté des lettres, le mot dit deux choses très différentes. Le sens est ce que nous sentons, ressentons, comprenons grâce à notre cerveau et nos sens... Et le sens est aussi la direction que nous donnons à notre vie. Un précieux GPS.

STRESS

Sous ce mot très employé depuis une vingtaine d'années, il faut entendre la « détresse ». Il a ainsi l'air nouveau, moderne, arrivé avec les bouleversements du monde du travail. Stress existe en réalité depuis le temps des seigneurs et des serfs, esclaves médiévaux. Le verbe qui fonde l'image : *stringere* en latin donnera un jour le mot *string*, mais dans le monde du travail sans salaire il révèle son sens premier : serrer la gorge jusqu'à l'étouffement.

Dans cette droite ligne, le stress est aujourd'hui l'état physique et mental créé par une pression trop forte exercée par une personne ou une organisation sur une personne. Pression de la charge de travail trop lourde, pression d'un agenda trop serré, pression d'un regard trop jugeant sur ce que l'on fait. Et donc ce que l'on est.

Les symptômes cités par les médecins du travail et surtout désormais les coaches sont bien connus : dérèglement du sommeil, perte de l'estime de soi, peur permanente, disparition de la libido puis carrément de l'envie de vivre.

Le stress a pris la place de concepts qui restaient en lisière de ce corps intime et inscrivaient les souffrances au travail dans le corps social : exploitation des travailleurs par leur patron, aliénation des prolétaires aux propriétaires de l'outil de production, soumission des esclaves aux hommes libres. Il semble ainsi réactiver l'instrument de torture, le *tripalium*, qui certes n'est pas la vraie racine étymologique du mot « travail » mais l'éclaire de manière très justifiée, comme si, entre le statut d'esclave de certains travailleurs du Moyen Âge et ceux d'aujourd'hui, hypermodernisés, existait une continuité sans faille.

Mais non sans scandale. Comment accepter que des personnes ayant fait des études brillantes, difficiles, demandant beaucoup d'efforts, connaissent, une fois en poste, des situations qui les mettent à la merci de leurs supérieurs tout autant que leurs grands ancêtres de la société anté-démocratique ?

SUEUR (« **Tu travailleras à la sueur de ton front** »)

L'expression constitue l'une des *punchlines* de la Septante, la Bible en grec, première traduction de l'hébreu – et cela avant la version en latin, et bien avant la version en langue locale : allemand, français, anglais...

Elle est facile à comprendre car elle s'inscrit dans le corps humain : travailler beaucoup, faire beaucoup d'efforts, effectuer un *hard work*.

En hébreu et en grec, elle contenait une idée plus poétique. C'étaient le ciel et la terre qui transpiraient. La sueur était une pluie cosmogonique et séminale qui venait arroser le sol. Par ruissellement, on la retrouvait sur le visage de l'Homme. Elle n'était pas forcément entachée de souffrance, figurant plutôt le miroir posé entre le microcosme humain et le macrocosme du monde.

TÂCHE

Au départ, ce mot est quasi synonyme de « taxe » car formé sur le même *taxare* latin.

Une tâche, en anglais *a task* (d'où le terme *task force*, groupe de travail qui se spécialise temporairement dans le combat contre tel ou tel problème), est avant tout une forme de rétribution. La connotation est négative, toute tâche a quelque chose de pénible.

Le « tâcheron » est à l'origine un travailleur agricole. Par sa célèbre formule : « C'est en lisant qu'on devient liseron, c'est en écrivant qu'on devient écriveron », Raymond Queneau a détourné magnifiquement l'expression.

TACLER

Avec ce verbe, on est dans le vocabulaire du sport. Plus précisément du foot. Il s'agit de bloquer le pied de l'adversaire avec le sien dans le but de le déposséder du ballon. Donné comme emprunt à l'anglais *to tackle*, il existait déjà en ancien français où le tacle était un bouclier qui protégeait et pouvait en cas d'urgence agresser.

Dans une chronique du XVe siècle, on peut lire que des combattants possèdent « *taqles, haubers et les espées, les meillors, les plus esprovers* ».

TAFFER

Dans la langue des corsaires : prendre le taf, c'est voler le butin. Taffer est donc foncièrement amusant et malhonnête.

TALENT

Voilà le mot le plus métonymique du monde ! Il part d'une partie pour aller vers le tout, toujours plus de tout.

En grec ancien, en effet, le talent est le fléau de la balance. Balance sur laquelle l'on soupèse au marché des épices puis de l'argent : une somme de pièces sonnantes et trébuchantes – le trébuchet étant dans le français du neuvième siècle cette fameuse balance.

Le Nouveau Testament raconte, sous forme de « parabole des talents », l'histoire d'un homme, ou d'un père, qui donne à chacun de ses trois serviteurs de quoi démarrer dans la vie (Matthieu 25, 14-30).

L'un fait la fête et perd très vite son talent, l'autre l'enterre sous prétexte de le garder pour plus tard. Seul le troisième en fait un bon usage : il l'investit dans des affaires et travaille à le faire fructifier. Conclusion aussi facile à comprendre qu'un extrait de livre américain sur le management : chacun a du talent, pas forcément le même et pas forcément en même quantité, mais un seul mode opératoire doit le guider : il faut exploiter cette mise de départ et la développer. Interdiction de la dilapider ou de ne pas s'en servir.

Cette morale élémentaire anime particulièrement le capitalisme originel. Dans le monde des puritains anglais qui migrent vers l'Amérique, le talent se dit *skill,* avec la même idée de petit fragment que l'on sépare et soupèse avant de le faire fructifier.

Aujourd'hui, le talent est vu de manière beaucoup plus panoramique. Il peut prendre la forme d'un don pour les maths qui conduit à un métier de l'IA ou d'une facilité pour la cuisine, la peinture, la musique, ou d'une inclination vers le soin, pour quelqu'un qui penche vers les nouveaux métiers du *care.*

Une même personne peut cumuler plusieurs talents et être un conducteur d'autobus pâtissier instagrammeur ou une ingénieure cantatrice et ramasseuse de déchets sur la plage... La longévité nouvelle permet d'ailleurs aux plus chanceux de vivre plusieurs séquences de talents et donc de multiplier les vies.

TECHNIQUE

Vient du mot *teknon* en grec : la construction, l'abri, le toit. La technique répond d'abord à une nécessité aussi fondamentale pour l'Homme que « manger » : sécuriser son espace vital. Le premier outil est d'ailleurs un marteau-hache biface qui sert à déterrer des pierres puis à les casser/couper avant de les relier à des feuillages et des traves de bois, tout cela dans le but de construire sa hutte.

La technologie est l'extension du domaine de la technique. La *tech*, apocope venue de Californie, désigne désormais les métiers de l'intelligence artificielle et de la digitalisation : depuis la fabrication d'ordinateurs jusqu'à la santé connectée en passant par l'industrie des *data*. Tous ces domaines sont actuellement en plein développement, faisant de notre époque une nouvelle ère techno-industrielle. Ils lui donnent l'un de ses plus étonnants contrastes entre d'une part des progrès inédits et d'autre part une techno-méfiance venue du XXe siècle.

Le préfixe *techno* peut aussi bien être négatif, quand il dénonce un gouvernant jugé compétent mais peu empathique (par exemple, un énarque devenu président ou une polytechnicienne devenue Première ministre), que positif : la musique techno.

Le mathématicien Jean-Pierre Goux, devenu romancier utopiste, prône la « révolution bleue » fondée sur les immenses progrès de la nouvelle odyssée de l'espace en harmonie avec des techniques individuelles d'apaisement. En particulier la visualisation des belles images de la Terre filmée chaque jour par la NASA devant lesquelles s'émerveiller de la petite planète en écoutant de la musique techno. L'idée de cet ingénieur-poète est que la reliance entre l'Homme et le cosmos et entre les hommes libérera une « énergie » de changement positif (*cf.* la saga *Le Siècle bleu*, Éditions de la Mer salée, et le dernier opus : *La Petite Princesse*, sur le modèle du Petit Prince, Éditions Eyrolles, 2024).

TÉLÉTRAVAIL

Terme curieux car le *teleos* indique qu'on est loin et que la technique permet de suivre quelque chose « de loin » – comme dans « télévision ». En fait le télétravail s'inscrit plutôt dans l'espace court (*work-at-home* en anglais). De nouveaux espaces de travail se créent dans la maison, et de nouveaux tiers-lieux de *coworking* permettent à des salariés d'entreprises différentes de travailler « ensemble » : dans le même endroit si ce n'est au même projet.

TIERS-LIEU

Traduction de *third place*, après la *first place* – la maison, et la *second place* – l'entreprise, le bureau. Le tiers-lieu, venu de la partie innovante des États-Unis, correspond bien à la troisième dimension du travail née d'hybridations de toutes sortes. Des salariés en télétravail peuvent se retrouver dans un espace de *coworking* où ils effectuent de manière indépendante leurs propres tâches tout en partageant avec d'autres des données, des moments, des relations, des références. Ces lieux d'entraide et d'échanges s'organisent tout particulièrement dans les petites villes, et sur ce qu'on appelle désormais les territoires – terme dynamique, voire guerrier.

Il faut remarquer l'imagination déployée pour inscrire ces lieux dans un nouveau vocabulaire, montrant l'ancrage dans l'espace (la Ferme, la Friche...) ou dans le temps (la Manufacture, la Tréso...).

TIRER LA BOURRE (SE)

Littéralement se passer le chanvre de main en main pour en faire de la laine comme les ouvrières cardeuses du XVIIIe siècle.

TMS

Trouble musculo-squelettique : problème de santé lié à des gestes répétitifs qui créent une inflammation musculaire ou articulaire et nécessitent un arrêt de travail. Par exemple les douleurs au bras d'une femme de ménage devant nettoyer une centaine de miroirs dans les toilettes d'un bâtiment de bureaux ou les douleurs au poignet d'un manutentionnaire de plateforme de livraison.

Ou encore les douleurs de dos d'une assistante vissée toute la journée sur une chaise de bureau non ergonomique.

TRAVAIL

Référé à une étymologie populaire qui voudrait que « travailler » soit venu de *tripaliare* signifiant « torturer » avec un *tripalium*, pieu de bois à trois pics. Fausse du point de vue phonétique et philologique, cette étymologie est fondée du point de vue de la pénibilité du travail à l'époque médiévale – date d'apparition du mot.

La véritable étymologie se fait en langue d'oc avec un *trabalh/tribalh* : portique à quatre – et non trois – piliers dans lequel le cheval est attaché pendant que le maréchal-ferrant le ferre ou lui répare le sabot. Contrairement au *tripalium*, cette machine – elle aussi de bois – n'est en rien un instrument de torture. Bien au contraire, elle prouve le soin apporté par l'homme à l'animal et le droit au repos de ce dernier.

Ce terme est directement formé sur un mot latin chanté par les poètes, notamment Virgile : *trabs*, *trabes* au pluriel, désignant les hautes futaies, le bois haut et dans la nature, le bois noble. L'ancien français est très riche sur cet axe, donnant « *tref*, *trève*, *trave* » : pièce essentielle de la charpente. D'où le français classique « travée » qui par extension désigne désormais l'espace entre les différentes pièces de bois d'un toit ou d'une coque de bateau.

« Entrave » vient aussi de cette origine. Elle n'est au départ qu'un contre-point à la trave mais il est possible qu'elle ait contribué à colorer négativement le verbe « travailler », apparu sous différentes formes en ancien français : *entraveiller*, *entravailler*.

Émile Littré avait dès le milieu du XIXe siècle établi la bonne étymologie *via trabs* et remarqué l'importance de la matière bois dans le monde latin et à sa suite dans le monde médiéval des artisans. Le célèbre lexicologue n'a cependant pas été repris. Seul Pierre Guiraud, dans son *Dictionnaire des étymologies obscures* (1982), fait référence à la notion de bois et de *trabs,* à travers le terme *trabicula,* « petite poutre ». Il laisse cependant sa préséance à *tripalium,* avançant l'idée d'un amalgame entre *trabicula* et *tripalium.*

Faire remonter « travail » sans ambiguïté à *trabs, trabes* – et sans rapport avec le *tri-palium,* le trois pieux – permet tout autre chose. Le mot ne naît plus – comme autrefois les petites filles dans les roses et les petits garçons dans les choux – de l'instrument de torture. C'est d'un beau bois de soutien qu'il émerge. Il laisse très loin les connotations sulpiciennes. Si l'on pousse les choses en passant par l'occitan, plus précisément le gascon, on voit bien que *trabahl* ou *tribalh* y existent encore. De même qu'en catalan.

La fausse étymologie *tripalium* est inséparable du premier christianisme qui cherche à imposer sa vision punitive de l'Homme (Ier-VIe siècles) dans la droite ligne du moment où Adam et Ève sont chassés du Paradis, c'est-à-dire de l'état d'opulence qui les dispensait de cultiver la terre pour se nourrir. On s'arrête le plus souvent sur leur péché de chair, mais ils ont commis une autre faute : ne pas s'être contentés de tous ces fruits que Dieu avait mis à leur disposition. Comme s'ils étaient déjà prométhéens, voulaient déjà commencer le travail humain...

Le fait que cette explication se soit perpétuée jusqu'à nos jours en prouve la force idéologique. Et explique probablement le fait que les langues romanes, catholiques, n'aient pas développé l'équivalent du « *work/werk* » anglo-saxon.

TRAVAILLEUSE

L'un des noms donnés en ancien français à la fatigue. Le contraire de la travaillance.

TRAVE

Si j'écrivais un jour, en utilisant mon droit à la LLL (*longue life learning*), un dictionnaire des idées perdues sur le modèle du *Dictionnaire des idées reçues* de Gustave Flaubert, et me prenant pour un de ces *apprentis* peintres que l'on voit au Louvre en train de crayonner *La Joconde* ou *La Victoire de Samothrace*, je ferais un article commençant ainsi :

« Trave : ne pas dire trop fort que vous connaissez la vraie racine (bien nommée car venant des bois et des forêts) du mot travail, vous vous feriez mal voir par les nombreux encenseurs du *tripalium*. »

Trave vient en effet de *trabes* en latin qui veut dire branche de bois, futaies, frondaisons. Terme poétique qui à sa façon désigne le ciel et permet de mettre de la force ascensionnelle dans sa vie. De la sublimation. De l'élation.

Voir le travail ainsi c'est gagner du temps. C'est comprendre déjà l'élan vital, le *beruf*, l'engagement, le sens, et cela à partir du corps, de la main, du sensuel.

C'est ancrer le travail dans sa nécessité mentale et terrienne, physique et psychologique. C'est refuser tous les facteurs négatifs qui détournent le travail de cette origine retrouvée.

TRIBALH

En gascon le travail est le *trebalh* ou le *tribalh*, par exemple dans ce proverbe : *Lo tribalh es l'arrel de tota prosperitat*, le travail est la condition de la prospérité. Quand quelque chose nous travaille (une idée, un souci), on emploie le verbe *tribalha's*. Et l'on peut redoubler la dimension de soin apportée à une tâche par l'expression : *una òbra tribalhada*, une œuvre très ouvrée.

En catalan le mot prend la forme *treball* et est très usuel. Il entre dans des proverbes : *Tot vol el seu treball*, on n'a rien sans peine. Et plus positif : *El treball dóna els fruits més dolços*, le travail donne les fruits les plus doux.

Ce type d'occurrences, qu'il qualifiait globalement de « provençales » et qu'il a eu le mérite d'explorer à travers leurs variations sonores, ont mis Émile Littré sur la piste de la bonne étymologie de « travail ».

Elles en montrent la dimension spécifiquement humaine, en lien avec les animaux puisque le *tribalh* est aussi la machine en bois du maréchal-ferrant qui prend soin des chevaux. Alors que quand il s'agit du travail divin, raconté dans la Genèse, le verbe « faire » au sens de créer réapparaît. Dieu est le grand « faiseur » : *lo gran hasendèr* (*cf.* Patric Guilhemjoan et Elisa Harrer, *Diccionari occitan/francés (gasconha)*, Édicions Per Noste, Orthez, 2021).

TRIEB

Les *triebe* (sur le verbe *trieben*: « pousser) » sont les pulsions. Avec son esprit de physicien vivant la naissance de l'électricité, Freud les voit comme des pistons, des ressorts, des dynamos, des circuits énergétiques. Elles nous *drivent* le psychique (la traduction anglaise de *trieb* est souvent *driver*). Au départ de ma recherche pour ce livre, j'ai pensé qu'un lien existait entre cette *trieb* et la *trabs* latine pour organiser le travail de notre esprit ou de notre âme. Au moment de le terminer, je n'en ai pas encore trouvé de preuve sérieuse. *Work in progress*...

Ce qui est certain, c'est qu'avec *trieb* le mouvement imaginé est latéral, on est dans le *werk/work*, le travail transformateur. *À partir de là*, Freud invite les humains à produire un deuxième mouvement : du bas vers le haut cette fois. C'est le travail de la sub-limation. L'imagination monte de la terre vers le ciel. Elle va de la pulsion à l'élévation. *Le Vocabulaire de la psychanalyse* de Jean Laplanche et J.-B. Pontalis (PUF, 1967) précise : « Freud soutient que le travail du rêve "n'est absolument pas créateur mais se contente de transformer des matériaux". » L'Homme n'est pas Dieu. Le *traumarbeit* ne crée pas. En revanche, il recycle et sublime – deux missions essentielles que l'on voit fleurir aujourd'hui.

TRIMER

Ce mot qui aujourd'hui veut dire travailler beaucoup et péniblement, quasiment comme un esclave, avait, dans la langue traditionnelle, le sens exactement inverse. Son meilleur synonyme était : se balader de-ci de-là, le nez en l'air, sans but particulier. La marine l'a beaucoup utilisé. On trimait beaucoup sur un bateau.

TURBIN

L'un des mots pour dire « travail » dans l'argot des ouvriers. Masculin de la *turbine*, l'un des moteurs thermiques destiné à produire un tourbillon d'eau (*turbo* en latin) au cœur d'une machine à vapeur. La chanson qui commence par : « Le samedi soir après l'turbin, l'ouvrier parisien... » a été l'un des grands succès de Maurice Chevalier.

USINER

Faire des choses usuelles : utiles et quotidiennes.

Déverbal, « usine » désigne le lieu où s'usinent les objets.

VALEUR

Avoir de la valeur, c'est *valere*, aller bien, être valeureux, en forme, actif, même si on n'appartient pas ou plus au monde du travail.

Sous cet angle, la santé s'est longtemps pensée comme un collaboratif des organes. Chacun bien à sa place, accomplissant sa fonction. Est produite en *coworking* la « convalescence » : *cum valere/valescere* : être valeureux ensemble.

VERTU

Pourquoi ce mot dans un lexique du travail? Pourquoi faire intervenir dans une étude du « faire » un terme relevant du « bien faire » au nom de la morale?

Une fois encore, c'est l'étymologie qui détient la réponse. La vertu, souvent incarnée en peinture ou en sculpture sous les traits d'une femme sévère, est en fait la traduction directe du grec *dynamos*. Un mouvement vital, « viril » au sens premier et non genré, est ainsi désigné. Il s'agit donc d'une force au sens le plus physique du terme. Force d'un moteur, sa dynamo, sa dynamique.

Force de travail aussi si l'on en croit Chateaubriand dans ses *Mémoires d'outre-tombe*: « La vigueur du corps s'entretient par l'occupation physique; le labeur cessant, la force disparaît. Ainsi la liberté ne se conserve que par le travail, parce que le travail produit la force. »

ZÈLE

Vient du verbe grec *zelos*: chauffer, transpirer.

Le zèle relève au départ d'une action physique: on chauffe, on transpire en travaillant. C'est de là que vient le terme « sueur », et donc l'expression: « Tu travailleras à la sueur de ton front. »

L'action devient vite psychologique. Chez Hésiode, *zelos* dit « jalousie » au sens du sentiment qui pousse à vouloir faire quelque chose comme quelqu'un d'autre. Donc imiter. Travailler représente ainsi une suite de gestes (*erga*) que l'on fait et refait collectivement, dans une belle énergie collective.

Par ailleurs « zèle » possède une dimension religieuse. Un zélote est un gardien du temple (ou de la synagogue, de l'église, de la mosquée, du sanctuaire) qui met un soin « jaloux » à le défendre. La notion peut passer de la religion de Dieu à la religion de l'amour. Notamment chez Racine. Ainsi dans *Athalie* quand le dramaturge parle des compagnes ardentes de cette reine juive : « Ô filles de Lévi, troupe jeune et fidèle, Que déjà le Seigneur embrase de son zèle. »

C'est aussi dans cette pièce que l'on trouve ce vers : « Cieux, répandez votre rosée, et que la terre enfante son Sauveur ! » Comme si le *zèle* était une ardeur tombée du ciel. Comme si Dieu lui-même transpirait et créait à la sueur de son front.

Quand nous, simples mortels, mettons beaucoup de zèle dans une tâche, fût-elle minuscule (briquer son vélo, dresser sur l'assiette un ceviche instagrammable), il ne faut pas nous déranger. Notre travail est sacré. Il nous élève et parfois on peut nous dire : « Ce que tu as fait est divin ! »

Remerciements

Merci à Nathalie Martinez pour m'avoir demandé de présenter une analyse du mot « travail » lors du congrès annuel du Cercle des jeunes dirigeants de Rhône-Alpes le 29 juin 2023. À Florence Bénichoux pour avoir généreusement partagé son expertise sur la santé au travail. À Jean-Pierre Darrigrand pour ses précieuses précisions occitanistes. À Véronique Jacob pour ses relectures expertes. À Michel Erman pour sa conversation éclairée et ses encouragements.

Table

Imprimé en France
par DUPLIPRINT
733, rue Saint-Léonard, 53100 Mayenne
avril 2024 - N° 2989722J

DUPLIPRINT est titulaire du label imprim'vert®